그 곳에 가면
다른 페미니즘이 있다

THERE IS ANOTHER WAY OF FEMINISM

그곳에 가면
다른 페미니즘이 있다

에마 골드만 외 지음

Le Monde +

| 들어가는 글 |

페미니즘 혁명은 비바체로!

글 성일권 | 〈르몽드 디플로마티크〉 한국어판 발행인

그 누구의 말처럼, '혁명은 아다지오(아주 느리고 침착하게)로 시작해 안단테, 비보를 거쳐 비바체(빠르고 경쾌하게)로 완성'되는가? 미투(#MeToo) 운동의 급물살에 음습한 습지에 닥지닥지 붙은 이끼 같은 '독버섯들'이 떠내려가고, 바위처럼 견고했던 가부장적 사회구조가 부서지는 것을 보며, 혹여 지금이 역동적인 혁명 국면이 아닐까 짐작해본다. 앞서 권위주의적인 정권을 패퇴시킨 2016년 말의 촛불시위가 아다지오적인 미완의 시민혁명이었다면, 미투 운동은 인간 존엄성을 향한 보다 더 자각적이며, 보다 더 본질적인 투쟁이라 할 수 있기 때문이다. 그런 이유로 미투 운동은 비바체의 앙상블처럼 빠르고 경쾌하게 메아리쳐야 한다.

여성을 성性의 대상이 아니라, 인간으로 보고자 하는 국제적 노력은 1995년 베이징에서 개최된 제4차 세계여성대회 이후

본격화했다. 젠더와 섹스는 우리말로 '성'이라는 같은 말로 표기되지만, 최근 페미니즘적 어법에선 젠더는 사회나 문화를 함축하는 사회학적 의미의 성을 뜻하고, 섹스는 생물학적인 의미의 성을 뜻한다. 유럽연합EU과 미국 등 다수 선진국에서 젠더는 남녀차별적인 섹스보다 대등한 남녀 간의 관계를 내포하며 인간으로서 모든 사회적인 동등함을 실현해야 한다는 의미를 지닌다.

페미니스트들은 처음부터 인권의 기만적이며 추상적인 관념을 비난했다. 프랑스 대혁명, 미국혁명 등 굵직한 인류 혁명사의 결과물인 '인권과 시민권'이 인류의 절반을 배제하고서도 과연 그 정당성을 인정받을 수 있는 건가? 1970년대부터 각국의 주요 단체들이 모든 여성의 이름으로 말할 권리의 요구를 주요 명분으로 내세웠다. 그러나 미국에선 인종 문제가 이 운동을 심각하게 분열시켰다. 중산층의 백인 여성들이 낙태권을 주장한 반면, 저소득층의 흑인 여성들은 억지 불임을 규탄했고 무료 치료를 주장했다. 백인 여성들이 노동시장에서의 성차별 타파를 주장할 때, 흑인 여성들은 직장에 나가는 백인 여성의 아이를 돌보는 대신 자신의 자녀를 잘 돌볼 수 있는 상황이 되기를 바랐다. 비난은 뿌리까지 번졌다. 퀴어 운동 같은 단체는 여성이라는 범주를 가부장제에서 나온 것이라 간주했다. 종의 문제까지 번진 것이다. 한동안 여성운동은 이렇게 수많은 하위 미세 분파로 분열됐다. 이렇게 여성운동이 분열되면서 싱글맘, 이주여성, 그리고 그들의 딸들이 첫 번째 희생자가 됐다. 더욱이 2008년 금융

위기 이후, 신자유주의적 시장경제체제가 확고해지면서 각국 여성들의 삶이 더욱 각박해졌다. 일자리 찾기가 어려워지자 많은 여성들이 전업주부로 돌아가야 했고, 직장 내에서도 여성들의 지위와 역할은 크게 위축됐다. 그러나 여성들에게 계속해서 차별받고 배제되는 삶을 강요할 순 없는 일이었다. 지구촌 곳곳에서 여성들의 투쟁이 계속되면서 거대한 변화의 수레바퀴가 움직이기 시작했다. 특히 2002년부터 전 세계적으로 여성들의 고등교육기관 진학률이 남성들보다 높아진 것도, 여성들의 사회참여를 높이는 요인이 됐다. 여성들은 자신의 삶을 기득권과 제도권에 위탁하길 거부하고 나섰다.

인간 존엄성은 우리가 최우선시해야 할 지고지순한 가치다. 사실, 오래전부터 인간 존엄성을 외친 여성들의 목소리는 메아리쳤지만, 늘 무시되고 왜곡됐을 뿐이다. 왜, 무엇을 위해, 어떤 연유로 여성들은 그렇게 배제됐을까? 권위주의 시대에는 그게 일상이었고, 민주주의 시대에는 더 큰 '대의'를 위해 희생을 강요받았다(그들의 '대의'라는 것은 가부장적 체제 내에서의 정권교체나, 보수vs.진보 진영 간의 헤게모니 싸움, 또는 문화나 예술의 '흥행' 같은 것이었다!). 어느 상품 광고에서는 "여성이 행복한 나라가 좋은 나라"라고 강조하지만, 이는 어디까지나 여성을 돈 많이 쓰는 소비자로 간주하고, 그들을 유인하기 위한 얄팍한 상술일 뿐이었다. 냉혹할 만큼 존엄성 훼손을 당하는 여성들이 한낱 편안한 가전제품이나 현대식 럭셔리 아파트에서 행복감을 느낄 수 있다고 생각한다면, 이는 여성에 대한 근거 없는 큰 오산이다. 미투 운동의 가장 큰 대의는 인간 존엄성이다!

이 책은 인간 존엄성의 대의 아래 지구촌 곳곳에서 여성들이 힘들게 투쟁하며 전진해온 기록들을 담고 있다. 〈르몽드 디플로마티크〉에 실린 저명한 외국 필진의 글 총 21편을 담은 이 책은 국제사회에서의 여성 억압 현실과 여성들의 투쟁과 전진, 그리고 여성운동의 성취와 과제를 짚어본다.

1부 '그들이 잃어버린 것'에서는 각 국가들에서 배제당한 여성들의 냉엄한 현실을 직시해본다. 현대 페미니즘 운동의 본산 격인 미국을 비롯해 독일, 일본, 이스라엘, 아랍 여성들의 암담한 현실을 짚어본다.

2부 '투쟁과 전진'에선 가부장적 압제의 고통 속에서 분연히 일어난 여성들의 쟁투를 살펴본다. 국내에 잘 알려지지 않은 프랑스, 아랍, 브라질, 쿠르드 여성들의 투쟁사가 흥미롭게 소개된다.

3부 '여성과 신'에선 창업주가 모두 남성들로 이뤄진 가톨릭, 기독교, 이슬람교 등 각 종교에서 어떻게 여성이 배제되고, 종교계 내 여성해방운동이 어떻게 진행되고 있는지 살펴본다.

마지막 4부 '자유와 권리'에서는 많지는 않지만, 현실 속에서 페미니즘을 당당히 실천해가는 여성들의 삶을 들여다본다. 튀니지, 칠레, 알제리, 멕시코 여성들의 당당한 '권리 찾기'는 이 책의 제목처럼 '그곳에 가면 다른 페미니즘을 알게 되는' 탐독의 즐거움을 안겨준다.

    이 작은 책이 충분하진 않지만 지구촌 페미니즘 운동의 이해와 그 확산에 적으나마 기여하길 바라며, 작금에 일고 있는 미투 운동이 미완의 촛불혁명을 다시 잇는 새로운 불씨가 돼주길 기대해 마지 않는다. 당연한 말이지만, 혁명의 완성은 그 누구에게나 마땅히 향유돼야 할 인간 존엄성의 자각과 온전한 착근이어야 한다.

| 목차 |

5   서문 페미니즘 혁명은 비바체로! 성일권

1부 그들이 잃어버린 것

14   더 큰 여성해방, 본성을 해방하라   에마 골드만
26   독일 여성들이 잃어버린 것들   사빈 케르젤
33   일본 여성들이 일하지 않는 이유   조안 플뢰리
42   미국 여성들의 낙태권을 공격하는 게릴라들   제시카 구르동
52   이스라엘 여성을 가둔 유리천장   로라 랭
72   평등권을 우롱당하는 아랍 여성들   와르다 모함메드

2부 투쟁과 전진

82   프랑스 여성들의 임신중절 투쟁   실비 로젠베르그 라이너
93   서구가 정형화한 아랍여성상을 떨쳐야   사하르 칼리파
108   쿠르드 지역에도 여성 투쟁가들이 있다!   나다 모쿠랑
117   이란여성들의 화려한 변화는 어디까지   플로랑스 보제
134   진군하는 아마존 여성들   라미아 우알랄로

3부 여성과 신

148 신은 여성 혐오자인가? 앙리 텡크
156 종교계 내부에서 일어난 페미니즘 운동 가에탕 쉬페르티노
164 히잡 착용이 촉발한 종교적 페미니즘 vs. 세속적 페미니즘
  베네딕트 뤼토
172 여성의 입장을 지지하는 종교계 남성 페미니스트들
  베네딕트 뤼토

4부 자유와 권리

180 그곳에 가면 다른 페미니즘이 있다 카미유 사레
189 혁명 이후의 튀니지 여성들 플로랑스 보제
199 내 몸에 대한 권리 찾기, 칠레의 임신중절권 투쟁
  줄리아 파스쿠알, 레일라 미냐노
209 알제리의 성과 청년, 정치 피에르 돔
224 멕시코 여성 재소자들이 교도소에서 찾은 자유 카티 푸레즈

238 **출처**
239 **역자**
240 **부록**

1부
그들이 잃어버린 것

더 큰 여성해방, 본성을 해방하라

글 　에마 골드만 | 여성해방운동가

먼저 나는 내가 주장하려는 바를 말하고 싶다. 모든 정치·경제 이론, 계급과 인종 간 차이, 여성의 권리와 남성의 권리 간 인위적 경계가 없는, 오히려 서로 다른 점들이 잘 어울려, 또 하나의 완전한 개체를 완성하는 지점이 있다는 사실을 말이다.

평화와 조화를 위해 반드시 개인 간의 피상적 균등화가 필요한 것은 아니다. 남녀 간, 개인 간 평화와 조화를 이루기 위해 개인 간 특성을 제거할 필요는 없다는 것이다. 현재 우리가 고찰하고 해결해야 할 문제는 자신의 정체성을 지키면서 타인과 화합하는 것, 타인과 깊은 교류를 하면서도 자신의 고유한 특성을 유지하는 것이다. 이는 대중과 개인, 진정한 민주주의와 진정한 개인주의, 그리고 남성과 여성이 그 어떤 적대감이나 갈등 없이 만날 수 있는 방법에 관한 것이다.

관건은 용서가 아니라, 이해다. 마담 스타엘이 자주 인용하는 "모든 것을 이해하는 것은 모든 것을 용서하는 것이다"라는 말은 내게 감흥을 주지 못했다. 타인을 용서하는 것은 바리사이 Pharisees(기원전 1세기-기원후 1세기, 극도로 엄격한 율법 해석과 실천을 내세우던 학파 또는 그 학파에 속한 사람들-역주)의 권위 같은 우월한 개념을 연상시킨다. 이해만으로도 충분하다. 이는 여성해방에 대한 내 견해와 모든 여성에 대한 여성해방의 영향을 부분적으로 구현하는 말이다.

관건은 균등화가 아닌, 평화와 조화

여성해방은 여성에게, 진실로 인간적인 존재가 될 가능성을 부여한다. 자기 확신과 활동에의 요구는, 가장 완전한 자기 자신의 표현으로 귀결될 것이다. 따라서 우리는 보다 큰 자유로 가는 길목에 잔재하는 굴종의 시대와 노예제도의 흔적을 제거해야 한다.

이는 여성해방운동의 본래 목적이었다. 그러나 현재까지의 결과를 보면, 이 목적이 오히려 여성을 고립시키고 여성에게서 행복을 앗아갔다. 외적 해방은, 현대의 여성을 기하학적 형태로 길러진 화초처럼 인공적인 존재로 만들어버렸다. 소위 '지성인'들 중에 이런 '인공적 여성'이 많다.

"여성에게 자유와 평등을!" 고상하고 용감한 현대의 지성인들이 이 말을 처음 던졌을 때, 그 때 느꼈던 희망과 열망은 형언

할 수 없다. 여성 스스로가 운명을 개척해가는 새로운 세계에, 태양이 찬란한 빛을 발하며 영광스럽게 떠오를 것이다. 이는 편견과 무지로 부패한 세계에 맞서기 위해 모든 위험을 무릅쓰는 선각자들의 열정, 용기, 인내, 끊임없는 노력에 부합한 목적이다. 그러나 여성노동자들은 가정에서의 편견과 구속을, 공장에서의 편견과 구속으로 맞바꿨을 뿐이다. 그 결과, 여성들은 과연 어떤 독립을 쟁취했는가?

내 희망은 해방을 지향한다. 그러나 현재 여성해방은 완전히 실패한 상태다. 여성이 진실로 해방되기를 원한다면, 먼저 해방으로부터 해방돼야 한다. 역설적으로 들리겠지만, 이것이야말로 적확한 표현이다. 여성해방을 통해 여성은 무엇을 얻었는가? 일부 국가에서의 참정권이다. 이 결과로 수많은 여성투표 주창자들이 예언했듯, 정치권이 정화됐는가? 답은 물론 'No'다. 지금이야말로, 건전하고 명확한 사고력을 가진 이들이 보수적인 어투로 '정치계의 부패'에 대해 말하는 것을 중단해야 할 때다. 정치계의 부패는 다양한 정치권 인사의 윤리, 또는 도덕적 해이와는 무관하다. 부패의 원인은 순전히 물질적인 것이다. 정치는 '주는 행복보다는 취하는 행복이 더 크다', '헐값으로 사서 비싸게 되팔아라', '더러운 손이 다른 손을 깨끗하게 한다' 등의 원칙이 통하는 상업적 논리를 반영한다.

행복의 근원을 빼앗아간 해방?

여성해방은 여성에게 남성과 동등한 경제적 위치를 부여했다. 여성이 직업을 선택할 수 있게 된 것이다. 그러나 과거와 현재의 교육은 여성에게 경쟁력을 부여하지 못했다. 따라서 여성은 시장에서 원하는 수준에 도달하기 위해, 매번 모든 에너지를 쏟아야만 한다.

게다가 남성과 동등한 위치에 도달한 여성은 소수에 불과하다. 여교사, 여의사, 여성 건축가, 여성 엔지니어들이 동일 직종의 남성들과 동일한 수준의 신뢰도, 보수도 받지 못한다는 것은 모두 아는 사실이다. 이런 '가짜 평등'에 도달한 여성들은 대부분 육체적·정신적 희생을 담보로 했다. 대다수의 여성노동자들에게 변화라고는, 그들이 편견과 구속을 받는 장소가 가정에서 공장, 상점, 사무실 등으로 바뀐 것이 전부다. 그 결과, 여성들은 과연 독립을 쟁취했는가? 많은 여성들이 고된 일과를 마친 후 따뜻하게 반겨줄 이 한 명 없는 집으로 돌아가야 한다. 이를 진실로 영광스러운 독립이라고 할 수 있는가?

수백 명의 젊은 여성들이 계산기와 재봉틀, 타자기로 '독립'을 이어가는 데 지친 나머지, 결혼을 돌파구로 여기는 것은 전혀 놀라운 일이 아니다. 이는 중산층의 젊은 여성들이 부모의 속박에서 벗어나기 위해 결혼을 선택하는 것과 별반 다르지 않다. 간신히 밥벌이를 하는 수준의 독립생활은 그다지 행복하지도, 이상적이지도 않다. 즉 큰 목소리로 여성에게 독립생활에의 환상을 심어주는 것은, 사랑과 모성이라는 여성의 본능을 억누르려는 방편, 그것도 별반 효과적이지 못한 방법에 불과하다.

여성독립과 여성해방에 대한 편협한 기존의 개념들, 여성이 지닌 사회적 지위가 남성과의 사랑을 가로막게 할지도 모른다는 우려, 사랑이 여성에게서 자유와 독립을 앗아갈 수 있다는 두려움, 사랑과 모성의 기쁨이 일하는 데 방해가 될 수 있다는 불안 등의 감정은 해방된 현대여성에게 독신을 강요한다. 그리고 그렇게, 삶은 지나간다.

사랑을 두려워할 때 해방은 없다

여성해방은 연인이나 아내로서의 여성, 어머니로서의 여성의 감정을 마음껏 표출하기에는 너무나 좁은 비전을 제시한다. 이는 여성해방을 추구하는 여성들 대부분이 느끼는 바다. 경제적으로 독립한 현대여성은 지식적인 측면에서 이전 세대의 여성을 앞서간다. 그러나 이로 인해 본질적인 삶의 결핍을 느낀다. 다름 아닌 사랑의 결핍을 느끼는 것이다. 인간의 영혼을 풍요롭게 하는 유일한 것은 사랑이다. 그러나 많은 여성들이 사랑의 결핍으로 인해, 일하는 로봇이 돼버렸다. 기존 제도를 파괴하고, 보다 진보적인 제도로 대체하려는 운동에는 지지자들이 있다. 지지자들은 이론적으로는 근본적인 사상을 옹호하지만, 일상에서는 평범한 속물에 불과하다. 그들은 존경을 갈구할 뿐이다. 그들은 "소유는 절도"라고 주장하면서, 누가 자신의 머리핀 하나만 가져가도 분개한다. 그리고는 자신이 '사회주의자', 나아가 '무정부주의자'라고 주장한다.

여성의 자유와 남성의 자유, 깊은 연관성

여성해방운동가들 중에도 이런 속물들이 있다. 신출내기 기자와 삼류 문인들은 해방된 여성의 모습을 왜곡시켰다. 예를 들어 조르주 상드 같은 여성해방운동가들이 마치 도덕성을 결여한 것처럼 묘사한 것이다. 따라서, 여성해방은 반사회적인 삶, 부도덕하고 방탕한 삶, 사치스러운 삶과 동의어가 돼버렸다. 여성의 권리를 주장하는 여성들은 이에 분노한다. 그리고 이런 여성해방운동가들에 대한 인식이 왜곡됐다는 것을 증명하기 위해 에너지를 쏟는다. 여성이 남성의 속박 아래서 신음하던 동안, 여성은 선량할 수도 순수할 수도 없었다. 그러나 여성이 자유와 독립을 쟁취했을 때 얼마나 선량할 수 있는지, 그리고 여성의 영향력이 사회의 모든 기관을 정화하는 효과가 있는지 여성해방운동가들은 증명하려 했다.

 진정한 해방으로 가는 위대한 노정에서 자유를 직시할 수 있는 여성은 발견되지 않았다. 여성들은 청교도적이고 위선적인 관점으로 남성을 방해자로 여기거나, 의혹의 눈초리로 바라보며 자신의 사생활에서 추방해버렸다. 남성을 아이의 아버지로 용인한 것은, 아이 아버지가 없으면 살기 어려운 현실 때문이었다. 다행히 엄격한 청교도적 시선도 모성이라는 선천적 열망을 없앨 수는 없었다. 그러나 여성의 자유는 남성의 자유와 밀접하게 연관돼 있다. 해방된 많은 여성동지들은 자유 속에서 태어난 아이가 사랑과 헌신을 원한다는 사실을 간과한 듯하다. 아이 자신을 둘러싼 남자와 여자, 모든 사람들의 사랑과 헌신을 말이다. 현대 여성과 남성의 삶에서, 비극은 인간관계에 관한 이런 편협한 개념에서 비롯된다.

향유하는 만큼만 자유롭다

여성들은 종종 풍부한 지성과 아름다움을 갖출 것을 강요받곤 한다. 현대여성들은 이런 속성이 자신의 존재를 온전히 드러내는 데 걸림돌이 된다고 생각한다. '죽음이 갈라놓을 때까지'라는 고대 성경 속의 결혼 문구가 여성에 대한 남자의 주권, 즉 남자의 변덕과 명령에 대한 여성의 절대적 복종, 여성의 완전한 의존을 함축하는 장치라는 사실이 알려진 지 한 세기도 더 지났다. 기존의 부부관계가 여성을 남자의 종으로, 출산의 도구로 전락시켰다는 사실은 끊임없이 그리고 명백하게 증명돼왔다. 그러나 우리는 해방된 여성들 중 상당수가 여성의 본성을 훼손하고 구속하는 도덕적·사회적 편견 때문에 고립된 독신생활을 견디는 것보다, 많은 단점에도 불구하고 결혼을 선호하는 것을 봐왔다.

여성들은 이 사실을 명심하자. 여성의 자유는 여성 스스로 해방되는 능력을 향유할 수 있는 곳까지 확대된다는 사실 말이다.

수많은 진보적 여성들이 이런 모순에 부딪히는 것은 해방이 의미하는 바를 제대로 이해하지 못하기 때문이다. 진보적 여성들은 스스로 외부의 압박에서 자유로워짐으로써 모든 것을 성취했다고 생각한다. 그러나 윤리·사회적 관습, 개인의 삶과 성장에 훨씬 위험한 내부적 압박은 그대로 방치했다. 이런 것들은 과거 여성들의 머리와 마음에 새겨진 것만큼이나, 가장 활동적인 여성해방운동가들의 머리와 마음에도 똑같이 큰 자리를 차지했다. 이런 내부의 압제자들이 여론 형태로 나타나든, 혹은 엄마·숙모·이웃·아빠·고용주 혹은 징계위원회가 말하는 형태로 나타나든 상관없다.

이런 모든 부조리에 저항하고, 감시자에게 대항하고 자기 영역에서 굳건히 설 수 있어야 해방된 여성이라 할 수 있다. 또한 삶의 가장 큰 선물인 사랑할 자유, 여성 고유의 능력인 출산의 자유를 거리낌 없이 주장할 수 있어야 해방된 여성이라 할 수 있다.

한 현대소설가는 해방된 여성의 이상형을 자신의 책에 묘

〈해방되기 위해 힘을 합쳐라!〉, 1973-프랑스조형예술가연맹(FAP) 홍보포스터

사했다. '그 이상적인 해방여성'은 젊은 여의사로, 가난한 이웃들에게 무료로 약을 제공하는 자애로운 이웃이자 자녀들에게는 지혜로운 어머니. 소박하고 실용적인 옷차림을 즐기는 그녀는 지인인 젊은 남성에게 박테리아와 바이러스를 전멸시키는 방법에 대해 설명한다. 마루와 벽을 돌로 만들고, 양탄자와 커튼을 없애면 가능하다는 것이다. 그녀의 해박한 지식에, 남성은 처음에는 위축되지만 차츰 호감을 느끼게 된다. 두 젊은 남녀는 서로 호감을 느끼지만, 시종일관 담백한 관계를 유지한다. 로맨스라고는 없는 두 사람의 관계는 선을 넘지 않는다.

그러나 나는 솔직히 그 여의사가 꿈꾸는 돌벽과 돌마루처럼 차디찬 남녀간의, 이 '새로운 아름다운 관계'를 전혀 위대하다고 느끼지 않는다. 이런 단정함과 질서정연한 명료함보다는 낭만주의 시대의 로맨틱한 발라드, 돈 주앙, 달밤의 납치극, 줄사다리, 아버지의 저주, 어머니의 탄식과 분개한 이웃의 소란스러움이 더 매력적이다. 어떤 제약 없이 자연스럽게 오가는 감정이 아니라면, 그것은 사랑이 아니라 손익을 염두에 둔 거래에 불과한 것이다.

적대적 이원론을 극복해야 완성된다

구원은, 미래를 향해 힘차게 발을 내디딜 때 찾아온다. 우리에게 필요한 것은 낡은 전통과 구시대의 관행을 던져버리고 전진하는 것이다. 여성해방운동은 이런 방향의 첫걸음을 내딛은 것에 불과하다. 여성해방운동은 그 두 번째 걸음을 내딛기 위해 충분한 힘을 비축해야 할 것이다. 동등한 시민투표권 행사는 바람직한 요구사항이지만, 진정한 해방이 시작되는 곳은 투표장이나 법정이 아니다. 다름 아닌 여성의 영혼이다. 역사는 말한다. 피지배자들이 지배자에게서 진정으로 해방된 것은, 어떤 시대에나 그들 자신의 노력에 의한 것이었음을. 자유는 스스로 '자유로워질' 능력이 있을 때 주어진다는 교훈을 새길 필요가 있다. 그러려면 내부 개혁, 곧 편견과 전통, 관습의 무거운 짐을 벗어버려야 한다. 삶의 모든 영역에서 남성과 동등한 권리 요구는 물론 정당한 것이다.

그러나 무엇보다 중요한 것은 사랑하고 사랑받을 권리다. 부분적인 여성해방이 여성의 진정하고 완전한 해방이 되려면, 여성으로서 사랑받고, 아내가 되고 어머니가 되는 것이 노예가 되고 종속되는 것이라는 우스꽝스러운 공식을 버려야 한다. 여성은 남녀이원론이란 불합리한 개념을 버려야 한다. 남성과 여성이 적대하는 두 개의 세상을 형성한다는 이원론적 관념에서 벗어나야 한다는 것이다.

편협함은 분리를 낳지만, 관대함은 화합으로 이끈다. 좀 더 너그럽고 관대해지자. 여성과 남성은 정복자와 피정복자가 아니다. 관계를 형성하는 것은 무한한 헌신이다. 헌신은 스스로를 한층 풍부하게 하고 확신을 주며, 보다 나은 방향으로 이끈다. 이런 태도만이 공허한 마음을 채워주고 여성운동의 비극적인 결과를 무한한 기쁨으로 승화시킬 것이다.

글 에마 골드만 | 여성해방운동가
미국에서 수차례 감금된 적 있는 에마 골드만은 1917년 러시아로 망명했다. 20년 뒤 그녀는 스페인에서 파시즘과 투쟁했다. 20세기 유럽 초기 혁명의 증인인 무정부주의자 에마 골드만은 어느 정도 낡은 관념을 표방하긴 했으나, 남녀평등을 위한 투쟁 계승자들을 매번 앞서갔던 열렬한 페미니스트였다.

※ 에마 골드만이 1906년에 쓴 이 글은 무정부주의자인 E. 아르망의 번역으로 2003년 잡지 〈아곤(Agone)〉에 게재됐으며, 〈르몽드 디플로마티크〉의 자매지인 격월간 〈마니에르 드부아(Manière de voir)〉 2011년 8·9월호에 재수록됐다.

독일 여성들이 잃어버린 것들

글 사빈 케르젤 | 사회학자, 베를린 자유대학 연구원

베를린 장벽이 무너진 지 25년이 지났다. 그러나 여전히 독일 여성들의 삶은 옛 동독이나 서독에서 여성을 바라보던 인식으로부터 많은 영향을 받고 있다.

대부분의 사회학자들은 동독출신 여성과 서독출신 여성의 사회통합과정은 중·단기적으로 삶의 조건이 평준화되면서 더욱 빨라질 것이라고 호언장담했다. 그러나 이는 지나치게 낙관적인 진단이 아니었을까?

2007년 독일 서부의 경우, 3-5세 자녀를 둔 여성 중 종일제로 일하는 여성 비율은 16%에 불과한 반면, 동부지역의 수치는 무려 52%에 달했다. 사실 과거 독일민주공화국GDR(동독-역주)의 출산율은 극도로 낮았다.[1] 그러나 지금은 독일 동부의 출산율이 서부의 수준에 맞먹을 정도로 크게 증가했다. 그럼에도 양 지역 간에 이처럼 여성 고용률이 여전히 큰 격차를 보이는 것이다. 고용률 뿐만이 아니다. 혼외 출산율도 마찬가지다. 2009년 동부지역의 혼외 출산율은 61%에 달한 반면, 서부지역은 26%에 그쳤다.[2] 사실 통일에 의한 사회·정치적 변혁으로 특히 심한 몸살을 앓은 것은 동독출신 여성이었다. 독일민주공화국 시절 여성들은 독일연방공화국FRG(서독-역주)과는 달리, 가정과 일을 조화롭게 병행하며 살아가는 데 큰 어려움을 겪지 않았다. 그러나 동독이 서독에 흡수 통일된 이후, 동독 출신의 여성들은 심각한 실업위기에 처했다. 게다가 생활방식이 급격히 바뀌었고, 인생계획을 재설정해야 하거나, 자존감이 낮아지는 경험을 했다.

다른 유럽국가처럼, 독일에서도 1950년대를 기점으로 여성의 사회참여율이 현격히 증가했다. 그러나 독일민주공화국의 변화에 비하면, 독일연방공화국의 변화는 지극히 미미한 수준에 그쳤다. 1980년대 말, 동독에서는 (가사 외의) 일을 하는 여성이 무려 92%에 달한 반면, 서독은 60%에 그쳤다. 그런 의미에서 동독은 대체로 남녀평등이 실현된 사회라고 할 수 있었다. 사실 전 세계적으로도 동독의 예는 거의 유일했다. 동독여성은 남편에게서 경제적으로 독립하는 것을 당연한 것으로 받아들였다. 반면, 서독여성에게는 전통적 가부장제와 가족관에 따라 살아가는 것이 일반적이었다.

1970년대에 이르면서 독일민주공화국의 출산율이 곤두박질치기 시작했다. 동독정권은 다양한 출산장려책을 내놓았다.

특히 싱글맘이나 이혼여성에게 각종 혜택을 제공했다. 때로는 "사회주의 국가를 건설할 역군을 양성해야 한다"는 등 이념을 이용한 선전으로 시민들의 비웃음을 사기도 했다. 그러나 이 같은 출산장려책 덕택에, 동독의 여성은 자녀양육에 대한 부담을 덜고 순탄하게 직장생활을 할 수 있었다. 반면 장벽 너머 서독의 경우, 엄마가 된다는 것은 대개 많은 것을 박탈당한 삶을 의미했다. 특히 배우자에게 버림받거나 이혼한 여성의 경우, 출산은 곧 빈곤층으로의 추락을 의미했다.

그러니 옛 독일민주공화국 출신 여성들로서는, 통일은 삶을 위협하는 일대 사건일 수 밖에 없었다. 그들로서는 통일로 인해 난생 처음 실업난을 겪으면서, 그때까지 당연하게 여기던 가치체계가 무너져 내린 것이다. 동베를린에서 상점의 점원으로 일하다 실직한 싱글맘 일로나가 경험담을 들려줬다. "고용센터를 찾아가서 '자녀 둘을 키우는 싱글맘'이라고 하면 실성한 사람 취급을 하죠. 맞은편에 앉은 직원은 눈길 한 번 안 줍니다. 서둘러 서류만 작성하면 끝이에요. '네 됐습니다. 다음 분'하고 말이죠." 독일민주공화국에서 여성은, 언제 어디서나 철저히 국가의 보호를 받으며 살았다. 아버지나 가족의 사회적 역할은 상대적으로 덜 중요하게 취급됐다. 자녀들은 가정과 떨어져 기관의 보호 속에 사회화의 과정을 거쳤다. 이런 자립을 중시하는 동독여성의 가치관은, 베를린 장벽이 무너졌다 해서 함께 무너지지는 않았다.

2000년대 초 베를린에 사는 여성들을 대상으로 실시한 한 연구조사에 의하면, 동독출신 여성과 서독출신 여성은 일과 자녀에 대한 인식이 매우 다른 것으로 나타났다. 물론 이들 모두가 자녀를 자신의 삶에서 매우 중요한 부분으로 인식했다. 그러나 서독출신 여성은 일보다는 자녀를 중요시했다. 그들은 실직이 가져다 주는 어려움을 알면서도, 한편으로는 실직기간을 자녀에게 온전한 엄마 역할을 할 기회라고 인식했다. 반면 동독출신의 베를린 여성은 육아와 일, 둘 다 잡기 위해 고군분투했다. 그들은 재취업이 자녀를 더 나은 환경에서 키울 수 있게 해준다고 생각했다. 직업을 가지면 자존감도 높아지는 만큼, 엄마 노릇도 더 잘 할 수 있다고 생각했다. 동독출신의 여성은 경제적 자립을 자신과 가족 모두에게 좋은 것으로 인식했다. 반면, 서베를린 여성들은 자녀에게는 엄마가 최고의 보모라는 인식이 강했다. 그들은 어린이집이나 유아보육센터의 유용성을 인정하는 한편, 가정생활에 지장이 가지 않는 노동시간을 특히 중요시했다.

그와 대조적으로, 독일민주공화국 시절의 유연한 노동시간에 익숙한 동베를린의 엄마들은 탁아소 이용 가능성을 매우 중요하게 여겼다. 더욱이 고용주도 채용정책을 세울 때 보육문제를 매우 진지하게 고려했다. 과거 판매원으로 일하다 지금은 실직자가 된 28세의 여성 아나는 싱글맘이라는 이유만으로 번번이 채용을 거절당하는 현실에 매우 격분했다. "항상 같은 상황이 반복돼요. 자녀가 둘이라고 하면, 무조건 곤란하다고 하면서 아이를 봐줄 곳이 있다고 설명해도 들으려 하지 않아요." 그 뿐만

이 아니다. 그들은 매번 이 여성들에게 새로운 임신 가능성에 대해 의심의 눈초리를 보낸다. "제가 아이를 또 가질 가능성은 거의 없어요. 그런데도 확신을 줘야 했어요. 이미 아이가 둘이에요. 또 가질 생각은 없답니다. 그러니 걱정하지 마세요." 사실 독일민주공화국 시절만 해도, 입사면접에서 그런 선언을 한다는 건 상상도 할 수 없는 일이었다. 일자리를 찾아 나선 동독출신 엄마들은 이렇듯 매번 면접자에게 자신의 '무고함'을 증명해야만 한다. 번번이 이런 모욕적인 대우를 감내하며 자신이 새로운 게임의 규칙을 잘 지킬 수 있다는 사실을 입증해야 하는 것이다.

반면, 서독출신의 베를린 여성들을 가장 괴롭히는 문제는 까다로운 노동조건인 것으로 나타났다. 비서로 일하다가 실직자 신세가 된 36세 싱글맘 폴라는, 어느날 집에서 아주 가까운 직장에 지원했다. "처음에는 다 좋았어요. 문서를 타이핑하고 전화를 받고, 고객을 응대하면 된다고 하더군요. 그런데 잠시 후 면접을 보던 여자 부장이 말했어요. "가끔은 주당 40시간 넘게 근무하거나 주말에 출근해야 할 거예요." 저는 그건 좀 곤란하다고 했어요. 예전 직장에서처럼, 주당 30시간에 한해 열심히 잘 할 수 있다고 말했죠. 제가 무슨 못할 말이라도 한 건가요? 그러자 부장은 마치 실성한 사람마냥 고래고래 고함을 지르더군요. 실업자 신세를 전전하다 겨우 일자리를 얻은 주제에 감사할 줄 모른다고요! 나랏돈 축내며 사회의 기생충으로 살아가는 실직자의 삶이 자랑스럽더냐고." 폴라는 이런 의문이 들었다. "제가 무슨 엄청난 것을 원하는 건 아니잖아요. 그저 일하기를 원하는 것뿐인데요. 새벽부터 늦은 밤까지 일하기 위해 아이를 맡겨야 하는 사회, 이게 정상인가요?"

사회학자 유타 기지와 다그마르 마이어에 따르면, "독일민주공화국이 실시했던 가족정책의 가장 긍정적인 결과는 여성이 경제적 독립을 쟁취했다는 것이었다. 그러나 여성의 임금은 남성에 비해 평균 30% 낮았다. 대체로 여성은 남성보다 좋은 일자리를 가질 수 없었다. 흔히 우리는 이 사실을 간과한다. 하지만 적어도 동독여성은 살 집이나 아이 맡길 곳을 구하지 못해 전전긍긍하는 일은 없었다. 그들에게는 탄탄한 사회복지제도가 있었기 때문이다. 사실 사회복지제도는 평등을 실현하는 데 있어서 매우 중요한, 어쩌면 가장 중요한 요소다."

두 자녀를 둔 28세의 기혼여성으로, 현재 조리사로 일하는 이델트라우트는 이런 과거 동독의 유산을 고스란히 간직하고 있다. 그런 만큼 그녀는 현행 사회복지법이나 남편에게 예속된 현재의 삶을 매우 서글프게 생각한다. "우리는 배우자에게 의존하는 존재가 돼 버렸어요. 우리의 삶은 배우자의 급여와, 국가의 판단방식에 묶여있어요. 가령 국가가 주던 복지수당을 끊어버린다면, 우리는 아주 많은 문제를 겪어야 해요. 그래요, 돈, 그 빌어먹을 돈이 항상 문제예요. 그건 우리도 어쩔 도리가 없어요." 베를린 장벽이 붕괴하면서 동독의 남녀평등 모델은 해체됐다. 그럼에도 여전히 동독출신 여성들은 자신이나 자신의 사회적 역할을 인식하는 데 있어, 과거 가치관의 영향을 많이 받는다.

글 사빈 케르젤 | 사회학자, 베를린 자유대학 연구원

1 Michel Verrier, '먼 과거에서 비롯된 '인구학적 문제', 〈르몽드 디플로마티크〉 프랑스어판, 2005년 9월.
2 Joshua Goldstein, Michela Kreyenfeld, 'Familie und Partner schaft in Deutschladn', 막스플랑크인구통계학연구소, 로스토크, 2010년.

일본 여성들이 일하지 않는 이유

글 조안 플뢰리 | 언론인

일본 여성 3명 중 2명이 출산 후 직장을 그만둔다. 퇴사 이유는 육아, 불투명한 전망, 차별, 괴롭힘 등 여러 가지다. 그러다보니 여성들은 결혼과 출산을 기피하고, 인구는 고령화되고 있다. 고령화로 인해 일본의 노동자 수는 계속 줄어들고, 이는 일본을 심각한 상황으로 몰아가고 있다.

도쿄에 거주하는 37세의 모리 토모코 씨. 남부러울 것 없는 커리어 우먼이다. 미국계 호텔 대기업의 영업부에서 일하는 모리 씨는 최근 임원으로 승진했다고 자랑스럽게 말했다. "근무시간이 많이 늘었지만 기뻐요. 회사에서 인정받은 거니까요." 신혼인 모리 씨는 40세 전에 아이를 가지고 싶다고 하면서도, 머뭇거리며 속내를 털어놓는다. "아이가 제 일에 걸림돌이 될 수 있겠죠."

일본여성들은 여전히 일과 육아 사이에서 갈등하는 듯하다.

모리 씨는 심각한 표정을 짓지 않으려 애썼다. "정부와 회사에서 동시에 지원받을 수 있다면 한 명은 키울 수 있을 거예요." 그러나 이내 신중한 태도로 이야기를 피했다. 일본에서는 자녀가 있는 여성이 승진할 가능성은 매우 낮다. 회사 경영진 입장에서 반길 이유가 없기 때문이다. 여성고용과 관련된 처참한 결과가 이를 잘 보여준다. 고학력의 일본여성의 수가 최고였던 2016년도에, 이들 중 60%가 첫 출산 후 일을 그만두는 것으로 나타났다. 고학력 여성의 고용상황은 30년간 매우 악화됐다. 정규직 여성의 비율은 44.2%로, 1985년 67.9%보다 훨씬 낮다. 반면 파트타임 여성의 비율은 1985-2015년 사이 28.5%에서 43.9%로 급증했다. 아베 신조 총리 정부는 이 문제를 주요과제로 삼겠다고 공언했다. 아베 총리는 2014년 3월 여성고용 촉진에 관한 회의를 창설했고, 이에 앞서 2013년 4월에는 '여성이 빛나는 사회를 위한 행동 선언문'을 채택하고 2020년까지 상장기업 임원의 30%를 여성으로 채우겠다는 목표의, 일명 '우머노믹스(우먼+아베노믹스)'를 가동했다.

하지만 결과는 아직 기대에 훨씬 못 미친다. 2016년 여성 경제활동인구의 비율은 64%(파트타임 포함)로, 남성 경제활동인구 비율 84%에 비해 훨씬 낮았다.[1] "여성의 경제활동이 남성 수준이 되면, 노동력은 14% 증가할 것입니다"라고 다케가와 게이코 남녀공동참획국 국장이 설명했다. 확실히 남녀고용평등법이 제정된 1987년 이후 일본여성들은 경제활동에 활발히 참여했다. 1985년 일본여성의 경제활동 참가율은 53%에 불과했으니 말이다. 하지만 일본여성들은 아이가 태어나자마자 직장을 그만두고, 이들 중 재취업에 성공하는 비율은 11%에 불과하다. 2011년 도쿄여자대학교는 여성의 퇴직이유를 분석하기 위해 경제활동여성 5천 명을 대상으로 설문조사를 실시했다. "응답자 6%가 지적한 첫 번째 이유는 불투명한 전망입니다." 오사와 마치코 도쿄여자대학교 총장이 설명을 이어갔다. "야심이 강한 여성일수록 일찍 일을 그만둡니다." 그 다음 이유로는 어린이집 부족으로 어려워진 자녀교육(32%), 고령의 시부모 봉양이 꼽힌다. 이런 상황은 분명히 남녀차별 인식에서 비롯된다. 그 결과 세계경제포럼의 남녀평등 부문에서 일본은 142위 중 104위였다.[2] 종사분야도 주로 단순직에 머물러 있다. 같은 능력이면 남성이 먼저 승진하는 현실에, 여성들은 예민해져 있다.

일본 오사카대학교 대학원 인간과학연구과 교수이자 사회학자인 무타 카즈에 교수는 솔직하게 인정했다. "일본사회에는 여성을 존중하지 않는 구조적 문제가 있습니다. 공식적으로는 여성도 승진할 수 있다고 하지만, 실제로 승진하는 여성은 업계에서 스타 여배우처럼 여겨질 정도로 드물죠. 반면, 여성의 비정규직 비율은 계속 늘고 있습니다. 여성빈곤은 사내 괴롭힘과 함께 심각한 문제입니다."[3] 따라서 카즈에 교수는 여러 해에 걸쳐 여성의 권리를 보호하는 일을 해왔다. 1989년, 자신에게 모욕적인 말을 하고 개인 성생활에 대해 소문을 퍼뜨린 남자동료

를 고소한 여성을 무타 교수가 도와준 일도 있다. 일본에서 열린 최초의 성희롱 재판이었다. 재판 동안 '세쿠하라セクハラ('Sex'와 'Harrassment'의 합성어로 직장 내 성희롱을 가리키는 일본어-역주)'라는 용어가 등장하기도 했다.

경찰의 조사에 의하면, 2013년 집계된 직장 내 성희롱 수는 2만1,089건으로 2002년에 비해 2배 이상 늘어났다. 또한 비영리 단체 마타하라 넷Matahara Net에 의하면, 여성의 1/4는 출산 및 육아 문제로 직장 내에서 괴롭힘을 당한 적이 있는 것으로 나타났다. 육아휴직이 법적으로 명시돼 있지만 윗선의 압력 때문에 실제로 사용하는 여성은 17%에 불과하다. 그래서 탄생한 용어가 모성차별이라는 뜻의 '마타하라マタハラ(여성의 임신, 출산 등을 이유로 한 차별-역주)'다. 2014년, 37세의 한 일본여성이 직장인 임산부의 권리신장을 위한 단체를 만들겠다고 하면서, 모성차별이 큰 관심을 받기 시작했다. 오사카베 사야카 마타하라 넷 대표는 임신으로 인해 복통에 시달렸는데, 그럼에도 회사에서 매일 추가근무 압력을 받았었다. 결국 중압감과 스트레스로 2번 연속 유산하는 아픔을 겪었다.

"일본에서는 육아휴직을 쓰려는 여성들이 상사와 남자 동료들에게 비난을 받습니다. 결국 여성들이 지쳐서 꺾이죠." 오사카베 대표는 두 번째 유산의 아픔을 겪고 회사를 그만둔 후 소송에 나섰다고 했다. "너무 슬펐습니다. 회사에 분노가 치밀었죠. 법정에서 회사 측은 제가 거짓말을 한다면서 사실을 왜곡하느라

급급했습니다."

오사카베 대표의 거리연설에, 많은 여성들이 자극받아 용기를 내게 됐다. 이미 여성 180명이 회사에서 받은 언어폭력, 강제퇴직 등 부당한 사례를 마타하라 넷에 접수한 것이다. 비정규직 여성과 교사직, 간호직, 사무직에 종사하는 여성들은 사용자에게 부당한 대우를 받는 일이 더 많다. "이는 빙산의 일각입니다." 오사카베 대표는 말했다. "연령과 직종을 막론하고 매일 더 많은 사례가 접수되고 있습니다. 여성들 대부분은 자신이 사내 괴롭힘의 피해자임을 인식하지 못하고 있습니다." 거절과 반대의 'NO'가 존재하지 않는 나라, 일본에서 많은 여성들이 묵묵히 견디고 있다.

임신한 여성의 퇴사는 곧 경력단절로 이어진다. 오사와 총장이 내린 결론이다. "출산 후 다시 일하려는 여성들에게는 비정규직 밖에 없죠. 예전의 경력은 소용없게 됩니다."

일본정부는 여성들에게 적극 나서라고 하지만, 여성들 대부분은 준비돼 있지 않다. "여성들은 능력이 있어도 어떻게 발휘할지 모르고 있습니다."

오사와 총장이 미국유학 후 일본으로 귀국한 1987년은 정확히 남녀고용평등법이 통과된 해였다. 오사와 총장은 미국대학에서 강의를 듣던 초창기 시절을 기억하고 있다. "미국에서 자신감을 찾았습니다. 일본여성들에게는 자신감이 대단히 부족합니다."

도쿄여자대학교에는 출산 후 재취업하려는 여성들을 위한 특별지원 프로그램이 마련돼 있다. "여성들이 사회생활을 재개할 수 있도록 돕고 있습니다." 오사와 마치코 총장의 설명이다. "2008년부터 프로그램을 이수한 여성들 중 3백 명이 안정적인 일자리를 되찾았습니다. 하지만 아직은 부족합니다."

2013년 일본정부는 육아문제 해결을 위해, 어린이집의 수용력을 높이는 데 주력했다. "2년 만에 어린이집에서 20만 명의 아동을 더 수용할 수 있게 됐습니다. 2018년까지 수용인원을 2배로 늘리려고 합니다." 다케가와 국장이 자신 있게 말했다. 하지만 정부정책에도 불구하고, 어린이집 대기자 명단에 남게 될 아동은 2만3천 명으로 추산된다. 경제지 〈니혼게이자이 신문〉(2015년 9월 30일)이 보도한 통계다. 동시에 정부는 2015년 말, 직원 3백 명 이상의 일본기업 전체를 대상으로 행동계획을 실시했다. "해당 기업들은 2016년 4월 1일까지 출산지원 행동계획을 제출해야 했습니다." 다케가와 국장의 설명이다. "이 기업들의 노력은 10년간 모니터링 됩니다. 필요하면 기간도 연장될 수 있습니다. 정부는 기업들의 노력 결과에 점수를 매겨 목표치를 달성한 기업에 지원할 것입니다." 이는 '즉시 실행 대상'이다. 직원 3백 명 이하 기업들은, 의무사항은 아니지만 노력하라는 권고를 받고 있다.

이 정책은 2014년 중소기업 대상으로 실시된 유사정책이 실패하면서 나왔다. 여성을 승진시키는 중소기업에 30만 엔(약

2,350유로)을 지원한다는 것이 2014년도 정책이었다. 정부는 수백 개의 중소기업이 지원할 것이라 기대했다. 지원금 1억2천만 엔도 마련돼 있었다. 그러나 유효기간인 2015년 9월 말까지 지원하는 기업이 단 한 곳도 없었다. "모험을 하기에는 지원금액이 적었던 것이죠. 여성들을 바로 승진시켜야 한다는 조건이었으니까요." 교토도시샤대학교의 연구교수이자 남녀평등문제 전문가 가와구치 아키라 교수의 설명이다. "2016년 구상된 정책은 좀 더 전망이 밝습니다. 각자 상황에 맞는 해결책을 시도할 수 있으니까요. 기업들은 계획을 공식화하면 이행해야 한다는 의무감을 가질 것입니다."

한편, 사쿠마 히데토시 치바 은행장은 여성의 경제활동 역할을 높이 평가하는 기업의 대표 27명과 함께 선언문을 추진하고 있다. 정부정책과 함께 추진되는 이 시도는 일본기업이 남성중심적이라는 이미지를 깨기 위한 취지다. 2015년 7월부터 각종 방안이 마련됐다. 육아휴직을 마친 여성이 근무시간을 조정해, 원래의 직장에서 계속 일하도록 하는 방안(일본 SPA 기업 크로스 컴퍼니), 교육부서 창설 방안(미츠비시), 남녀 직원이 정시에 퇴근하는 날 상징적으로 50엔(40유로센트 이하)을 추가 보너스로 지급해 야근을 줄이는 방안(존슨 앤 존슨) 등 여러 가지다. 특히 업무가 끝나도 상사보다 먼저 퇴근할 수 없는 일본 특유의 사내문화를 생각하면 마지막 방안은 파격적이다. 실제로 30~50세의 일본 남성 직원 중 20%는 주당 60시간 이상을 근무한다. 가와구치 아키라 교수는 근무시간 단축이 관건이라고 지적했다. "주당 근무시간은 평균 45시간인데 의무적으로 10시간 이상 더 일합니다. 너무하죠!" 다케가와 국장도 동의했다. "장시간 근로는 피로를 부르고, 업무 효율성을 떨어뜨립니다."

보다 유연한 근무시간은, 남녀 모두에게 일과 가정의 균형을 이루는 데 큰 도움이 될 것이다. 특히 일본에서는 자녀가 있는 남성 직장인이 가정에 할애할 수 있는 시간은 하루 1시간에 불과하다. 참고로 프랑스에서 자녀가 있는 남성직장인이 가정에 할애하는 시간은 하루 2시간 12분이다.[4] '남자는 회사일, 여자는 집안일'이라는 인식은 일본사회에 깊이 뿌리 박혀 있다. 2014년 4월부터 남녀 육아휴직 제도가 시행됐다. 육아수당도 급여의 50%에서 67%로 늘었다. 그러나 이 혜택을 누리는 남성의 비율은 2.3%에 불과하다(육아수당이 늘기 전에는 2.03%). 출산 후 직장을 그만두는 여성이 여전히 85%에 달한다. 여성의 일을 방해하는 또 다른 요인은 남편의 전근이다. 승진하려면 전근은 필수과정이다. 오사와 총장이 말했다. "도요타에서는 직원이 승진을 원하면 지방근무 조건을 받아들여야 합니다. 남편이 지방으로 발령 나면, 아내는 자기 일을 그만두고 남편을 따라갑니다."

이처럼 여러 가지 장애가 있다 보니, 일본여성들은 결혼을 기피하는 추세다. 결혼하는 여성의 비율은 현재 연간 1천 명 당 5.3명. 1천 명 당 10명을 기록한 1970년대에 비하면 절반 수준이다. 여성의 혼인 감소는 출산율 감소로 이어진다. 2016년 일본의 출산율은 1.42명으로 1970년대 2.2명에 비해 감소했다. 일본에서는 혼외 출산율이 2% 미만으로 매우 낮다.

오사카베 대표는 의미심장한 에피소드를 들려준다. 마타하라 넷을 이끌어온 공로를 인정받아 2015년 3월에 미셸 오바마로부터 직접 '여성의 용기'라는 국제상을 받은 것이다. 수상식에서 오사카베 대표는 기뻐해야 할지 당황해야 할지 알 수 없었다고 털어놓았다.

"개도국을 대상으로 하는 상이거든요. 처음에는 일본인인 제가 왜 이런 상을 받아야 하는지 어리둥절했습니다. 그러다 일본이 남녀평등 부문에서 세계 하위권에 속한다는 사실을 알게 됐습니다. 그리고 생각했어요. '맞아, 인정해야지. 남녀평등에 있어서는 일본은 개도국이야.'

글   조안 플뢰리 | 언론인
도쿄에 거주하면서 다수의 프랑스 매체에 일본사회의 다양한 현상에 대한 글을 쓰고 있다.

---

1   총리 산하 남녀평등 부서가 발표한 통계, 〈Women and Men in Japan〉, 도쿄, www.gender.go.jp
2   유엔개발계획이 발표한 인간개발지수 순위에서 일본은 26위(프랑스는 12위).
3   'Nippon.com', 2015년 4월 13일(일본어판).
4   Cécile Brousse, '전문직, 가사일, 여가시간: 일상을 이루는 사회적 요소', 〈Economie et statistique(경제와 통계)〉, n.478-479-480, 프랑스 국립통계경제연구소(INSEE), 파리, 2015년 10월.

미국 여성들의 낙태권을 공격하는 게릴라들

글 제시카 구르동 | 프리랜서

2010년 미국 국회의원 선거에서 공화당이 압승한 것을 계기로, 미국의 낙태반대론자들은 전열을 다시 가다듬었다. 그들의 전술은 임신중절 제한에 관한 법을 모든 주State로 확산시켜, 경우에 따라서는 권리행사를 거의 불가능하게 만드는 데에 있다. 이제 낙태권 지지자들의 최후 보루는 연방최고법원이다.

2013년 미시시피 주에서 유일하게 낙태시술을 하는 잭슨여성건강기구Jackson Women Health Organization 앞에는 날마다 '생명옹호pro-life' 소속 대원들이 피켓을 치켜들고 시위를 벌였다. 심지어 병원을 들어가는 여성들을 막아 세우기까지 한다. 그래서 급기야는 다이앤 더지스 원장이 여성들을 그들의 차에서 병원 문까지 동반하기 위해서 호위 시스템을 가동해야 할 정도였다. 미시시피 주가 낙태시술을 금지하는 미국 최초의 주가 될 것인가? 인구 300만 명에 영국 규모의 이 광대한 지역은 미국에서 가장 가난하지만 상징성은 강한 주다. 잭슨여성건강기구는 2012년 주 의회에서 통과된 관련법을 위반하는 처지에 놓이게 됐다. 그 법에 의하면 임신중절수술을 하는 의사들은 환자들에게 문제가 있을 경우 책임질 인근의 종합병원과 협정을 맺고 있어야 한다. 이 병원의 산부인과 의사 3명은 모두 종합병원으로부터 이 협정을 거부당했다. "어떤 종합병원도 받아들이지 않았어요. 이데올로기적인 이유나 두려움, 또는 의사가 미시시피 주 거주자가 아니었기 때문이었죠. 이 협정은 절차상의 안전문제와는 아무런 관계가 없어요. 여하튼 입원이 정당하면, 어떤 종합병원도 우리 환자들을 거부할 수는 없으니까요. 입법자들은 새로운 법이 우리를 위험에 빠뜨릴 것이라는 것을 잘 알고 있었습니다." 더지스 원장이 밝혔다.

필 브라이언트 주지사는 미시시피 주를 미국 최초의 '낙태시술을 할 수 없는 주'로 만들겠다는 의지를 감추지 않았다. 그때까지 임신중절 수술만 1년에 2천 건이던 잭슨여성건강기구는 연방 법원판사의 법 효력 일시정지 결정으로 중절수술이 중단되고 있는 상태다.

연방주들, 낙태규제 법안 앞 다퉈 통과

미시시피 주의 이런 상황이 미국에서 유일한 것은 아니다. 유사한 힘겨루기가 노스다코타, 버지니아, 인디애나, 앨라배마 등의 주에서 일어나고 있다. 허핑턴포스트가 보건당국에 문의해 조사한 바에 의하면, 2010년부터 2012년까지 3년간 총 54개의 낙태시술병원 또는 시술소가 문을 닫았다.[1] 노스다코타, 사우스다코타, 미시시피 3개 주에서는 낙태수술을 하는 병원이 이제 단 하나 남은 실정이다. 그런데 미국에서 낙태권은, 미연방 차원의 탄탄하고 뿌리 깊은 법적 기반에 근거하고 있다. 1973년, 미국 연방대법원의 로우 대 웨이드 판결은 여러 주 간에 일치하지 않는 실행을 통일하고, 모든 여성은 자궁 밖에서 태아가 살 수 있을 때까지, 즉 22~24주까지 낙태할 자유가 있다고 결정했다. 프랑스의 12주보다 훨씬 길다(그러나 의학적 임신중절은 기한이 적용되지 않는다).

1992년의 또 다른 판결, 가족계획단체 대 케이지 판결은 주정부가 낙태권을 통제할 수 있게 하되, 이 통제가 낙태를 원하는 여성들에게 '과중한 부담'이 되지 않는다는 조건을 달아서 판례를 보완했다. 따라서, 낙태반대론자들의 투쟁은 각각의 주 차원에서 이뤄진다. 구트마허 연구소의 계산에 의하면, 2011년 단 한 해 동안, 미연방 주들에서 92개의 낙태규제 법안들이 통과됐다.[2] 2012년에는 43개, 2013년 10월 1일까지 68개가 기록됐다. 이것은 전례 없는 과잉조치들이다. '생명을 위한 미국인 연합'은 낙태권을 제한하는 법률모델을 제시한 안내책자까지 발간했다.

21개 주는 이제 미시시피 주와 노스다코타 주처럼 미성년자들에 대해서 부모(경우에 따라 양부모)의 동의를 요구한다. 10여 개 주는 초음파 검사를 의무사항으로 만들었다. 위스콘신 주와 루이지애나 주에서 시술자는 여성 환자에게 초음파 영상을 보여주고 설명해줘야 한다. 5개 주에서는 세계보건기구에 의해 이미 관련성이 부인된, 낙태와 유방암 증가 위험의 관련성을 거론하고 태아의 고통을 언급하는 '설명회'를 개최했다. 8개 주는 주 영토에서 영업하는 의료보험회사가 사립임에도 불구하고, 임신중절 수술비 환급을 금지했다.

낙태는 여전히 수치스러운 행위

그러나 실상 새로운 것은 보통 가족계획단체, 또는 여타 시민단체들에 의해 관리되는 병원들을 겨냥하는 규제조치의 증가다(미국에서 대부분의 낙태시술은 종합병원에서 이뤄지지 않는다). 여성 환자들의 안전을 위한다는 명분 하에, 새로운 규제 법안은 병원이 외래의료를 행하는 종합병원 수준에 준하도록 막대한 시설공사를 명령했다. 예를 들어 의료장비뿐만 아니라, 병실, 수술실, 복도 등의 크기, 주차장 등등. 그런데 세계보건기구의 권고사항에 의하면, 이런 설비는 초기 임신 3개월 기간 내 낙태시술을 하는 병원에 어떤 절대적 필요성도 없다는 것이다. 전국 낙태연합회는 이런 법들이 "병원의 의욕을 떨어뜨리거나, 견딜 수 없는 부담을 가중시킨다"고 규탄했다.[3] 낙태를 시술하는 산부인과는 종합병원 수준의 설비를 갖춰야 하고, 의사들은 종합병원과의 협정을 맺고 있어야 한다는 텍사스 주에서 통과된 새 법안에 반발해, 미국 산부인과 학회는 2013년 7월 다음과 같이 공식성명을 발표했다. "낙태시술은 가장 안전한 의료행위에 속한다. 합병증의 위험은 최소이며, 심각한 합병증은 0.5% 미만이다." 텍사스 주 상원의원인 웬디 데이비스는 이 법안에 맞서, 무려 11시간에 걸쳐 모든 대중매체의 관심 속에 발언했다. 그럼에도 법안채택을 막을 수 없었다. 달라스 모닝 뉴스는 이 법 때문에 임신중절 수술을 행하는 4개의 시골 병원이 문을 닫게 됐고, 다른 3개 병원도 문을 닫을 위험에 노출돼 있다고 전했다.[4]

이런 식의 폐원이 확실시된다면, 머지 않아 텍사스 주 병원의 1/4이 사라진다. 이런 곤경에 가끔은 시 차원의 규제가 덧붙여진다. 〈워싱턴포스트〉에 의하면, 버지니아 주에서 가장 많이 이용되는 곳 중의 하나인 페어팍스 병원은 시 의회와 마찰을 빚어 2013년 여름 문을 닫고야 말았다. 시 의회는 이 병원이 2011년 주에서 통과된 관련법에 맞추기 위해 새로 마련한 장소로 이전하는 것을 거부했던 것이다.[5] 이런 규제강화는 우선 공화당이 50개 주 중 27개주의 상하양원, 그리고 50개의 주지사 자리 중 30개를 장악하게 한 2010년의 보수주의 물결에서 설명될 수 있다. 이 보수주의 물결은 또한 생식권의 문제에 대해 유별나게 반동적인 프로그램을 가진 티파티 운동The Tea Party의 새로운 인물들을 전면으로 부상시켰다. 대부분의 유럽 국가들에서는 임신중절이 권리로 인정되는데 반해, 미국인들은 찬반양론을 펴고 있다. 공화당 관할 하의 앨라배마, 아칸소, 루이지애나, 미시시피 등 미국에서 가장 빈곤한 지역에 속하는 남부의 주들[6]에서 퓨 리서치 센터가 행한 설문조사에 의하면, 응답자 중 52%는 낙태가 '대부분의 경우' 불법으로 간주돼야 한다고 본다. 1995년에는 같은 대답이 45%였다. 반대로 민주당 색채가 강한 코네티컷, 버몬트, 뉴햄프셔, 메인 등 동부해안 주들에서는 이 비율이 20%로 떨어진다.

뉴욕시립대학의 공중보건학 교수 테오도르 조이스는 "총기 소지와 아울러, 낙태문제는 미국 전역을 가르는, 또 우리와 유럽을 대비시키는 가장 큰 문화적 대립 중 하나다. 이는 놀라운 것이다. 동성혼과 같은 다른 문제에 대해서 미국여론은 진보적 방향으로 진화되고 있기 때문이다. 그러나 낙태는 윤리나 종교의 이름으로 여전히 수치스러운 행위로 간주되고 있다. 사회학적 조사에 의하면, 낙태를 경험한 여성들의 약 50%가 온라인에서조차 낙태경험을 숨긴다는 것이다. 공중보건의 통계치에 의하면, 낙태경험을 숨기는 여성들의 비율은 더욱 높게 나타난다"라고 지적했다. 실제로 동성혼은 최근 몇 년간, 미국에서 상당한 진전을 기록했다. 동성애 결혼을 허용하는 주가 14개 주에 달하고, 그 중 아이오와 주 또는 뉴저지 주와 같은 몇몇 주들은 공화당 하에 있으며, 이 법안 채택이 프랑스에서처럼 시위를 촉발시키지 않았던 것이다.

연방최고법원의 판결이 번복된다면

이런 갈등 속에서, 보수성이 강한 주에서의 낙태권은 판사들의 성향에 의해 좌우됐다. 판사들은 주 상하양원이 통과시킨 법안들을 로우 대 웨이드 판결의 이름으로 여러 번에 걸쳐 파기했던 것이다. 2013년 초, 한 판사는 그런 식으로 노스다코타 주의 상하양원이 통과시킨 법률을 무효화했다. 이 법은 태아의 체외생존 가능성은 초음파검사에서 심장박동 인지시점(6주에 해당)부터 유효하다고 명시했다. 그리고 이 기간을 넘어선 낙태는 금지했다. 2013년 5월, 또 다른 판사는 아칸소 주에서 통과됐던 임신 12주 후 낙태를 금한 법안의 적용을 중지시켰다.

법학교수 다비드 개로우는 "그 같은 법률들이 '로우 대 웨이드'와 배치되고 거부당할 것은 명백한 일이고, 이런 종류의 비합리적인 투자는 끊임없이 논쟁에 다시 불을 붙이고, 정보 매체를 독점하려는 정치적 전술"이라고 지적했다. 구트마허 연구소의 엘리자베스 내쉬 연구원에 의하면 "연방 주들 사이에 일종의 경합이 붙은 것이다. 어떤 주가 가장 엄격한 법을 통과시킬 것인가." 소송과 상소가 줄을 잇는 가운데, 어떤 경우는 연방최고법원까지 올라갈 수 있다. 그런데 최고법원은 다양한 판결을 내리고 있다. 따라서 이 주제에 관한 입장이 급선회하지 않는다는 보장은 전혀 없다. 개로우는 "'로우 대 웨이드' 판결의 유지는 단 한 표에 달려있다. 만약, 공화당 출신 대통령에 의해 임명되는 새 대법원 판사가 균형을 깨뜨리면, 최고법원의 판결은 뒤집어질 수 있다"고 우려의 입장을 표명했다. 몇몇 주는 그 날을 학수고대하고 있다. 남북 다코타, 미시시피, 루이지애나 주 등은 1973년의 판결이 뒤집어질 경우 낙태금지를 즉각 회복시킬 '잠정적' 법안을 이미 통과시킨 상태다. 위스콘신, 앨라배마, 웨스트버지니아, 오클라호마 주 등은 옛 낙태금지법들을 폐기한 적이 한 번도 없는데, 판례의 번복이 있을 경우 이 법들은 자동으로 재가동될 것이다.

현재로서는 이런 새 법안들이 여성들에게 미칠 영향을 가늠하는 사회학적 연구는 거의 전무하다. 미국의 낙태율은 10년 전과 변함이 없다. 가임여성 1천 명 당 19명 수준이다. 이 비율은 가장 엄격한 규제를 갖춘 주에서는 비교적 낮지만, 최근 몇 년간 경향은 변하지 않고 있다. 테오도르 조이스는 학술지인 '정책분석과 관리 저널'에 기고한 논문에서, 2004년 텍사스 주가 임신 3개월 후의 낙태를 시술하는 병원에, 종합병원 수준으로 설비를 갖추라고 규정한 법률을 발효시킨 후, 1년 만에 16주 이후의 낙태 건수가 88% 감소했다. 반면 다른 주로 이동해 낙태를 한 여성들의 수는 4배로 증가했다고 밝혔다. 그와 반대로 의무적인 초음파 검사는 여성들에게 아무 영향도 미치지 못 했던 듯하다.

"초음파 검사는 여성과 의사, 시술행위에 오명을 씌우는 효과적인 방법이다. 하지만 연구조사에 의하면, 그것이 그들의 의견을 바꾸지는 못했다."

다른 연구작업들이 샌프란시스코에 있는 캘리포니아 주립대학에서 진행 중이다. 의과대학 교수인 사라 로버트는 "무엇보다, 그런 규제법률은 저소득층 여성들에게 많은 영향을 미치는 듯하다. 그들이 거주하는 곳에서는 대부분 병원이 없어서, 병원에 가기 위해 시간과 비용이 든다. 이 점이 그들의 결정을 재고하게 하는 듯하다"고 추정했다. 사라 로버트의 연구센터, '생식건강에 있어서의 새로운 선진 규범ANSIRH'에서는 이미 언론에 많이 알려진 광범위한 연구를 진행하고 있다. 이 연구는 5년에 걸쳐, 낙태경험이 있는 저소득층 여성들의 실상과 낙태를 하려 했으나 하지 못한 여성들의 실상을 비교했다. 그 결과, 후자의 여성들이 빈곤한계 이하에 노출되고 공공지원에 의존한 수가 훨씬 많은 것으로 나타났다. 이 연구결과는 이런 공공지원을 대부분 부정적으로 보는 미국인들에게, 낙태반대정책으로 발생하는 사회적 비용에 대해 환기시켜준다.

글   제시카 구르동 | 프리랜서
여성 및 비정규직 문제에 관심이 많으며, 프랑스 렉스프레스(l'Express)사에서 발행하는 〈레튀디앙(L'Etudiant)〉지의 편집장을 거쳐, 현재 〈르몽드〉와 〈르몽드 디플로마티크〉에 정기적으로 글을 기고하고 있다.

1   Laura Bassett, '반 낙태법, 전국에 걸쳐 낙태시술 병원에 막대한 피해 입히다Anti-abortion laws take dramatic toll on clinics nationwide', 〈허핑턴포스트〉, 2013년 8월 26일
2   '2011년, 연방주들 기록적인 수의 낙태규제법 제정하다. States enact record number of abortion restrictions in 2011', 〈Guttmacher Institute〉, New York-Washington, DC, 2012년 1월 5일
3   '올가미: 낙태 제공자 겨냥한 규제 The trap: targeted regulation abortion providers', 〈National Abortion Federation〉, Washington, DC, 2007년
4   '몇몇 텍사스 낙태 병원들 새 법안 통과 후 폐원 준비하다 Some Texas abortion clinics prepare to shut down after new law', 〈달라스 모닝뉴스〉, 2013년 9월 5일
5   Tom Jackman, '버지니아 주에서 가장 분주한 페어팍스 시티 낙태 병원 문닫다 Fairfax City abortion clinic, busiest in Virginia, closes', 〈워싱턴포스트〉, 2013년 7월 14일
6   Olivier Cyran, '미시시피에서 불거진 미국 사회의 분열', 〈르몽드 디플로마티크〉 한국어판, 2012년 4월

이스라엘 여성을 가둔 유리천장

글 로라 랭 | 시민운동가

1990년대의 제도적인 진전에도 불구하고, 이스라엘에서 남성과 여성 간의 불평등은 여전히 심각하다. 국가 출범 이후부터 모든 이들에게 부과된 종교적인 구속뿐 아니라, 병역의무, 국가 안보의 책무는 여성해방 투쟁에 크나큰 장애로 작용해왔다.

이스라엘은 여군의 전투기탑승을 허용한 데 이어, 전차탑승 허용도 검토 중이다. 남녀 모두에게 의무징병제를 적용하는 몇 안 되는 국가 중 하나인 이스라엘은, 세계에서 가장 도덕적인 군대의 아이콘이라고 할 만한 자국여군의 활약을 적극적으로 홍보하고 있다. '근동지역의 유일한 민주국가'인 이스라엘은 이미 1969년에 최초의 여성총리인 골다 메이어 전 총리를 배출한 국가가 아니던가.

현재 이스라엘 방위군 홈페이지에는 '여성' 카테고리가 따로 마련돼 있다. 여기에는 국경을 따라 정찰 중인 '강하고 용맹

한' 여군의 모습이 그려져 있다. 이스라엘의 역사 교과서에도 땅을 개간하고 길을 내며 보초를 서는 키부츠(집단농장공동체)의 여성 개척자들의 사진과 함께, 얼굴에 위장크림을 칠하고 우지 기관단총을 둘러맨 건장한 여군들의 사진이 실리곤 한다.

그러나 평등하고 현대적인 시온주의(유대인 민족주의)에 대한 허망한 믿음처럼, 이 사진들도 실상 반쪽짜리에 지나지 않는다.[1] 이스라엘 여성의 사회적 지위가 지닌 이면은 그림자 뒤에 묻혀 있기 때문이다.

군사(자녀) 출산이 유대여성의 사명

이파 페미니즘 센터의 사라이 아하로니 연구원은 "(여전히 소외돼 있긴 하지만) 초기 키부츠에서도 여성들은 경작지나 공장보다는 주방, 텃밭, 보육시설, 세탁실 등에서 일하는 경우가 많았다"고 강조했다. 이스라엘의 독립선언문이나 1951년 제정된 여성동등권리법 모두 성 평등의 원칙을 선포하고 있지만, 당시의 개척자들이 페미니스트가 아니었던 것은 분명하다.

이스라엘의 건국 공신들은 국가를 새롭게 세워가는 과정에서 여성에게 주어지는 가장 큰 의무는, 유대민족의 존속을 보장해주는 것이라고 여겼다. 이스라엘의 초대 총리였던 다비드 벤구리온이 "4명 이상의 자녀를 출산하지 않는 것은 곧 '유대인의 사명'을 저버리는 것이나 다름없다"고 주장하고, 1949년 10명 이상의 자녀를 출산한 여성에게 '모성 영웅'의 칭호를 내리기로 결정했던 것도 같은 맥락이다. 또한 1960년대까지도 이스라엘인들은 신문을 통해 자녀의 출생을 알리면서 '또 한 명의 군사'가 탄생했음을 함께 축하하기도 했다. 출산을 장려하는 유대민족의 명령은 팔레스타인인과의 인구경쟁을 거치며 끊임없이 이어졌고, 그 결과 2017년 이스라엘의 여성 1인당 평균 출산율은 3.1명으로 2015년 OECD 회원국 중에서도, 이집트를 비롯한 인근의 지중해 연안국가들 중에서도 최고 수준을 기록했다.[2]

'가내 전선'에 갇힌 채 번식의 의무를 수행해야 했던 여성들은 테오도르 헤르츨이 주창한 군사적 담론에는 거의 포함돼 있지 않았다. 시온주의의 창시자이기도 한 헤르츨은 일기장에 유럽의 유대인들, 즉 "신중하고 겸허하며 양심적인 게토(유대인 격리거주지역)의 사람들은 자신의 호소를 이해할 것"이라고 적으며 유대민족의 자유와 '힘'에 대해 강조한 바 있다. 이처럼 강한 유대인의 남자다움은 막강한 민병대의 전투력을 통해 형성되는 것이며, 여성들은 그런 군사들의 자상한 어머니, 아내로서만 존재할 수 있다고 여겨졌다.

군대가 국가의 핵심기관으로 자리를 굳히고 있는 만큼, 지금도 이스라엘 내 모든 권력의 중추에는 군의 위계적이고 권위적인 가치관이 스며들어 있다. 실제로 많은 퇴역 장교가 낙하산 인사를 통해 정부 부처나 대기업, 대학교 등은 물론, 주요 평화

운동단체에서도 높은 직위를 차지하고 있다. 일례로 이스라엘의 비정부기구인 '피스 나우' 역시 3백여 명의 예비역 장교들이 주축이 돼 결성된 단체였다. 하이파 지역에서 활발하게 페미니즘, 동성애, 반反시온주의 운동을 펼치고 있는 한나 사프란은 "이 단체가 국가안보 문제를 다루기에 신뢰할 만한 곳으로 인정받기 위해 군 고위직 인사들의 목소리가 필요했을 것이다. 여기서는 오로지 남성만이 탄원서에 서명할 권리를 가지고 있었다"고 설명했다. 매주 금요일 팔레스타인 영토점령에 대한 반대시위를 벌이고 있는 '검은 옷의 여인단'에 속해 있는 그녀는 "이런 이유로, 여성들이 스스로 평화를 위한 단체들을 결성해야 했던 것"이라고 말하며, "또한 일부 여성들은 1990년대 말 레바논 남부 지역에 주둔한 이스라엘군의 철수를 주장했던 '네 명의 어머니 운동'의 사례처럼 군인의 어머니로서도 평화를 주장하는 목소리를 낼 수 있다는 사실을 깨달았다"고 덧붙였다.

한편 1967년 팔레스타인과의 6일 전쟁에서 승리해 요르단 강 서안지구와 가자지구를 점령하면서 이스라엘의 남성중심주의가 극에 달해 가는 동안, 이스라엘의 페미니즘 운동가들은 1987년 이스라엘군의 점령지역에서 일어난 1차 인티파다(팔레스타인인의 반이스라엘 투쟁)에서의 이스라엘군의 폭력과 가정 내 남성들의 폭력을 비교하기 시작했다. 특히 이스라엘의 가정폭력은 지금도 해마다 20여 명의 여성 사망자를 낳고 있을 만큼 심각하다. 1981년 히브리 대학교에서 이스라엘 최초의 여성학

관련 학과를 개설했던 이스라엘계 미국인 갈리아 골란 교수는 이에 대해 다음과 같이 설명했다.

"페미니즘 운동가들의 가장 큰 화두는 배우자에 의한 가정 내 폭력에 맞서는 것이었다. 특히 그 폭력이 모순적이게도 남성들이 주장하는 강자, 보호자의 역할과도 양립하고 있기 때문이었다."

군, 정치, 종교 속에서 여성의 위치

수많은 여성학자와 운동가들이 10여 년간 제기해 온 여러 문제들은 1980년대 말 이후 마침내 제도적 영역을 파고들기 시작했다. 골란 교수는 "1990년대는 페미니즘 운동이 법적인 혁명을 맞이한 시대였다. 국회 내 여성의원의 수는 지금의 1/3도 되지 않았지만, 그 적은 수의 의원들이 페미니즘의 목소리를 냈기 때문"이라고 설명했다. 직장 및 군대 내 성 평등 문제나 성희롱 방지에 대한 법을 비롯해 100여 개의 법이 표결에 부쳐졌고, 가정폭력을 막기 위한 긴급전화와 쉼터가 개설돼 대중의 관심을 끌어냈다.

1995년에는 알리스 밀러라는 여성이 여군도 공군조종사 선발에 지원하게 해달라는 청원을 넣었고 대법원이 그녀의 손을 들어주기도 했다. 현재 여군이 지원할 수 있는 보직은 전체의

92%로, 약 10년 전부터는 3개의 혼성전투부대가 생겨나 전투보직에도 지원할 수 있게 됐다. 2001년에는 여군관련 문제를 다루는 참모총장 직속 보좌관직이 신설됐고, 2016년에는 그 명칭을 '젠더 보좌관'으로 변경하면서 페미니즘 진영 내에서도 가장 엄격한 용어를 사용하는 등 진보적 기관의 면모를 드러내기도 했다.

그러나 실제 여군전투병의 수는 전체 여군의 7%에 불과하다. 가이 하손 준장은 "앞으로도 여군의 전차탑승을 제한할 것"이라고 주장하며, 일간지 〈타임스 오브 이스라엘〉을 통해 "우리는 전사다. 전사로서의 이미지를 지키기 위해 노력하고 있다"고 강조했다. 또한 전투부대 출신은 고위직 진급이 가능함에도, 여군의 경우 고위직 진출이 매우 어려운 것이 사실이다. 장성급까지 진급한 여성 중에는 유일하게 오나 바비바이 소장이 군 전체에서 두 번째 높은 계급을 지낸 뒤 2014년 은퇴한 바 있다.

법적 발전이 사회에서도 구체적인 효과를 내기까지는 많은 시간이 걸리기 마련이다. 실제로 풀타임 근로자를 기준으로 이스라엘의 남녀 간 임금 격차는 22%에 달해, OECD 회원국 중 소득 불균형이 네 번째로 심한 것으로 나타났다. 하지만 40대의 라켈 아자리아 의원은 "이스라엘 여성의 지위는 전반적으로 향상됐다"고 단언했다. 이스라엘 연립정부 구성원을 맡고 있는 중도우파 성향의 쿨라누당 소속인 아자리아 의원은, 자신의 롤모델인 힐러리 클린턴의 사진이 걸린 집무실에서 이스라엘 여성의 지위 향상에 관해 설명했다.

"오늘날 여성 국회의원의 비율은 처음으로 1/4을 넘어섰다. 이스라엘 중앙은행의 카니트 플러그 총재나 레우미 은행의 라케페트 루삭 아미노크 총재도 여성이며, 남성의원들로만 구성된 정당은 그 수도 많지 않거니와 공공연하게 비난의 대상이 되고 있다." 예루살렘시의 부시장직을 맡기도 했던 아자리아 의원은 2008년 유대교 초정통파 지역을 지나는 노선에서 자신의 후보 포스터를 차량에서 떼고 운행한 버스회사를 상대로 투쟁을 벌인 것으로도 유명하다. 아자리아 의원은 유대교의 규율과 복장규정을 준수하는 것이 현대사회 및 시온주의와 양립할 수 있다고 보는 '현대적 정통파'에 속해 있다. 현대적 정통파는 '하레디'라고 불리는 초정통파와는 엄연히 다르다. 83만 명의 초정통파 유대인들은 현대사회 및 세속주의 학문과의 모든 접촉을 피하고 유대민족 고유의 복장규정을 철저하게 지키고 있기 때문이다. 아자리아 의원은 스스로 '정통파 페미니즘'이라고 이름 붙인 흐름이 최근 급속도로 발전하고 있다며 반색했다. 아자리아 의원은 몇 가지 예를 들면서 설명을 이어갔다.

"이스라엘 최고 랍비들은 건국 이래로 할라카(유대 종교법)에 정통적(또는 초정통적)인 태도를 유지해왔다. 할라카가 기도문을 외울 권리를 남성에게만 부여하는 등 매우 불평등한 법임에도 말이다. 그러나 몇 해 전부터 '콜레크'와 같은 여러 페미니즘 단체들이 힘을 모아 규정의 일부를 바꿔가고 있다. 오늘날 여성들은 벳 미드라쉬(율법 연구기관)나 회당에서도 더욱 강력한 목소리를 내고 있다. 이제는 더 많은 여성이 탈무드를 공부하고 기도문을 외울 수 있게 됐다. 2014년에는 하마스(팔레스타인 무장단체)에 의해 살해당한 소년의 어머니가 아들의 장례식에서 '카디쉬'라는 기도문을 공개적으로 외운 일이 있었다. 정통파 유대인 여성인 그녀가 남성만이 외울 수 있었던 이 추도 기도문을 외우기 시작할 때, 당시 입회 중이었던 최고 랍비조차도 막지 못했다."

예루살렘의 비영리단체 '샤하리트' 소속 정통파 페미니스트인 테힐라 나할론은 "최고랍비의 독재를 타파하고 종교계도 개혁세력 및 온건보수세력과 경쟁하도록 만들어야 한다. 또한 미국의 경우처럼 각자가 자신의 랍비를 선택할 수 있도록 해야 할 필요가 있다"고 주장했다.

최근에는 하레디('신을 경외하는 자'라는 뜻)파 내부에서도 '페미니즘'이라고 할 만한 움직임이 일고 있다. 라켈리 이벤보임이라는 30세의 하레디파 여성은 예루살렘 내에서도 세속적 유대인을 비롯해 모든 형태의 유대인들이 오갈 수 있는 지역인 저먼 콜로니의 한 카페에 앉아 하레디파 페미니즘이 "정통파 페미니즘을 훨씬 앞서고 있다"며 입을 뗐다. 18세에 만난 남자와 20분 만에 약혼했다는 이벤보임은 초정통파 지역으로 유명한 메아 셰아림에 거주하고 있었다. 자신의 활동범위가 제한적이라는 사실을 잘 아는 그녀는 "기도문을 외울 권리 등 종교적인 부분에서 남녀평등을 주장하는 것은 가당치 않다"면서, "하지만 우리가 살아가는 세속적인 측면에 대해서는 투쟁할 수 있다. 초정통파 정당 내 여성 의원 영입, 교육 및 임금 평등 등에서 말이다"라고 덧붙였다.

라켈리 이벤보임은 2013년 예루살렘 시의원 선거에 입후보하려 했으나 몇 번의 위협 때문에 결국 포기했다고 밝혔다. "하레디파 남성의 절반은 매일 경전공부에만 매달리느라 경제활동을 하지 않고 있는데, 심지어 가족수당 명목의 정부 보조금조차 줄고 있어 많은 여성들이 생활비를 벌어야만 하는 상황이다. 실제로 하레디파 여성 중 80%가 일을 하고 있는데, 세속적 유대인 여성과 비교했을 때 경제활동 비율은 비슷하지만 소득은 약 40% 낮은 것으로 나타났다. 하레디파 여성들이 일하는 분야나 임금수준에 한계가 있고, 고용주들도 그들 간의 일자리 경쟁을 악용하고 있기 때문이다. 하지만, 과거에는 가정 내에서만 일하던 여성들이 외부활동을 하고 있다는 것만도, 이미 커다란 진전을 이룬 셈이다."

이혼해도 남편 동의 없이는 재혼 못 해

사실 대부분의 하레디파 여성들은 하레디 공동체를 벗어나지 않고 세속적인 삶에 노출되지 않기 위해 교육부문에서만 일하도록 강요받고 있으며, 일자리가 부족한 탓에 이들의 학업 수준은 첨단기술 분야에 이르기까지 다양화되고 심화하고 있는 상황이다. 이벤보임은 "사람들은 내게 호의를 표하면서도, 내가 자기 딸이 아닌 걸 다행으로 여긴다"는 말을 덧붙였다.

텔아비브 지역처럼 서구화되고 세속화된 '거품' 속에서 살아가는 이들에게는, 이런 종교적 구속이 강하게 다가오지 않을 것이다. 하지만 여성에게 '정숙함'을 요구하며 남녀를 분리하는 규율이 강한 예루살렘의 일부지역을 비롯해, 이스라엘 각지에서는 종교적 구속이 여성들의 어깨를 무겁게 짓누르고 있다.

아자리아 의원은 "텔아비브에 거주하며 초정통파의 시각이 그저 이국적으로만 여겨지는 상황이라면, 관대한 문화다원주의자가 되는 것쯤은 전혀 어려운 일이 아닐 것"이라고 지적했다. 가부장적 규칙들로 여성들을 구속하는 하레디파가 문제의 원인으로 비판받는 경우가 많지만, 사실 근본적인 문제는 좌우를 막론하고 지금껏 그 어떤 정부도 정교분리를 시도한 적이 단 한 번도 없었다는 데에 있다. 과연, 이스라엘에서 정교분리가 가능할까? 팔레스타인 지역에 유대인들을 거주시키는 시온주의적 제도인 '귀환법'은 경전을 기반으로 하며, 이스라엘 건국의 주역들은 (그들 역시 세속주의였음에도 불구하고) 항상 유대민족의 전통과 연결고리를 유지했고, 종교 세력에 각종 보호막을 제공해왔다. 또한 여성들에게 수많은 금기를 부여하는 소수의 초정통파 공동체에 상대적인 자율권을 안겨주기도 했다.

실제로 이스라엘의 대형 정당들은 군소 유대교 정당들의 힘을 얻어야 안정적인 연립정부를 구성할 수 있었다. 이 때문에 유대교 정당들은 역대 거의 모든 정부에 지지를 약속하는 대신 여러 가지 사항을 보장받을 수 있었다. 1947년 다비드 벤구리온 총리는 초정통파 정당인 아구다트 이스라엘 당으로부터 이스라엘 정부를 인정받는 대신, 오스만 제국의 밀레트(종교공동체) 제도부터 이어져 온 전통을 따라 앞으로도 가족법과 관련해서는 종교법원에 전권을 위임하기로 약속한 바 있다. 2001년부터는 자녀양육과 관련된 사건들도 일반 법원에서 다룰 수 있게 됐지만, 유대인 간의 결혼 관련 판결은 여전히 초정통파 세력이 군림하고 있는 랍비법원의 영역이다.

문제는 랍비법원이 전적으로 남성중심적인 곳이라는 점이다. 여성은 랍비가 될 수 없으므로 판사가 될 수도 없으며, 증인석도 남성에게만 허용된다. 또한 '겟'이라고 불리는 이혼증서는 남편의 동의 없이는 아무 인정을 받을 수 없다. 결국 이혼방식은 남편 측에 유리하게 결정된다. 배우자의 동의를 얻지 못한 여성은 재혼할 수 없다. 게다가 이런 상황에서 태어난 아이는 '맘제르(사생아)'가 되고 만다. 바일란 대학의 루스 할페린 카다리 교수에 의해, 이토록 부당한 조건을 받아들이지 않으면 이혼 자체를 포기해야 하는 '아구나(묶인 자)'의 상황에 처한 여성이 현재 10만 명에 달하는 것으로 밝혀졌다.

길에서 달렸다는 이유로 돌을 맞다

오늘날 남녀 간 분리와 여성의 '정숙함'을 강요하는 초정통파의 주장은 점점 더 커져만 가고 있다. 벳 세미쉬 지역은 1990년대 말 하레디파가 대규모로 유입되면서 인구균형이 무너진 곳으로, 2011년에는 '에다 하레디'라는 근본주의 공동체 소속의 과격 단원들이 등교 중인 8세 여아를 학대한 것이 밝혀지며 언론에 크게 보도됐던 지역이기도 하다. 캐나다 출신의 유대인이자 다섯 아이의 어머니인 닐리 필립은 이 지역에 거주하면서, 길에서 뛰어다녔다는 이유로 돌을 던지거나 침을 뱉는 사람도 있었다며 격앙된 목소리로 말을 이어갔다.

"개인적으로는 현대적 정통파에 속하지만, 단정하지 않은 차림새로 길을 다녔던 것은 아니다. 늘 머리를 가리는 두건을 착용했고, 짧은 바지를 입었던 적도 없다. 하지만 그저 여자가 길에서 달려간다는 사실 자체가 그들에게는 용납할 수 없는 일이었던 것이다." 그녀는 "검은 옷의 남성들에게 빼앗긴" 동네의 모습을 보여주겠다며 지프차에 올라 핸들을 잡았다. 그곳에는 건물마다 여성은 바지를 입을 수 없으며, 거리를 배회해도 안 된다는 문구가 적힌 표지판이 걸려있었다. 이미 2015년 법원에서 불법판정을 받은 이 표지판들을 떼어내기 위해 시 당국과 법정공방을 벌이고 있는 그녀는 이제 더 이상 두건을 착용하지 않는다. "내가 거리에서 괴롭힘을 당할 때 날 도와준 하레디 남성은 단 한 명도 없었다. 덕분에 스스로 나 자신을 보호해야 한다는 사실을 깨달을 수 있었다. 하레디 남성들이 가부장의 역할을 맡길 원한다면 우리를 보호할 수 있어야 마땅하다. 그럴 수 없다면, 내게도 순종적인 여성의 역할을 강요해서는 안 될 것이다."

초정통파 유대인 인구가 전체의 11%를 차지하기는 하지만 이들만이 일상생활 속 종교의 영향력을 확대하고 있는 유일한 세력은 아니다. 전체 인구의 10%에 해당하는 종교적 민족주의자들도 그 원인 중 일부다. 이들은 초정통파와 달리 경전 공부에 매진하지도 않고 세속적 유대인과 마찬가지로 경제활동을 하며 국방의 의무도 이행한다. 하지만 신앙의 실천에서 그들이 들이대는 잣대는 날이 갈수록 엄격해지고 있다. 종교적 민족주의자들은 딸들에게 하레디파와 동일한 긴 치마를 입도록 강요하고, 학교는 물론 슈퍼마켓이나 보건소, 버스 안에서조차도 남녀 분리를 지켜야 한다고 주장한다. 군대의 경우도 예외는 아니다.[3] 이스라엘군은 성 평등에서는 꽤 진보적인 기관이지만, 그런 만큼 정통 랍비들에게는 공격하기 아주 좋은 대상이기도 하기 때문이다. 실제로 이들은 비세속적 병사들에 대해 보초근무나 차량탑승 중에 여병사와 절대 단둘이 동석하지 않고, 여성 교관에게 훈련 받지 않으며, 혼성전투부대에서도 근무하지 않을 것이라는 조건을 내걸었다.

이렇듯 아자리아 의원의 말처럼 이스라엘 여성의 지위가 상승했다고 단언하기는 어렵다. 이스라엘의 인구는 다양한 사회적

계파가 뒤섞여 이뤄져 있고 역진적인 힘도 강한 사회이기 때문이다. 바일란 대학의 올리 벤자민 교수는 "일반적으로 도심에 거주하는 아슈케나지(유럽계 유대인) 여성들의 삶은 외곽지역에 사는 미즈라히 여성의 삶보다 낫고, 미즈라히 여성들의 삶은 팔레스타인인 여성의 삶보다 낫기 마련"이라고 설명했다.[4] 1990년대 이후 군, 정치, 종교 등의 분야에서 여성의 참여와 권리가 큰 진전을 이뤘음은 부정할 수 없다. 하지만 그동안 많은 이들의 삶이 더욱 불안정해진 것도 사실이다. 1997년 정권을 잡기 시작한 리쿠드당은 1985년 인플레이션 억제를 목표로 긴축재정과 자유화 정책을 강화했는데, 이 시기는 러시아와 에티오피아에서 대규모의 이주민이 유입되면서 사회적인 공공 서비스에 대한 수요가 급등하던 때였다.

이후 1990년대 중반 오슬로 협정이 체결되면서 이스라엘의 경제는 크게 성장하기 시작했지만, 미즈라히와 팔레스타인인들의 상황은 점점 더 악화됐다.[5] 이스라엘이 외교적 문호를 개방하자 빠르게 세계화가 진행됐고 기존의 섬유산업이 과거의 적대국 지역으로 옮겨갔기 때문이다. 실제로 팔레스타인 여성들이 주로 근무하던 북부 갈릴리 지역의 공장들과 미즈라히 여성들이 근무하던 네게브 지역의 공장들은 대부분 요르단과 이집트 등지로 이전해 갔다. 또한 1차 인티파다 운동이 일어나면서 팔레스타인인은 안전하지 않다는 인식이 확산됐고 결국 팔레스타인 여성들이 키부츠에서 맡았던 가정부, 간병인, 소작농 등의 일자리는 필리핀이나 태국 출신의 이민자들에게로 돌아가게 됐다. 그 결과 현재 이스라엘 국적의 팔레스타인 여성(이스라엘 전체 여성 인구 중 20%에 해당)의 취업률은 31%로 세계 최저수준을 기록하고 있다. 세속주의 유대인 여성의 취업률인 79%와는 그 차이가 상당하다.

그러던 중 2003년에 이르러 이스라엘은 전례 없는 경기후퇴를 맞게 됐고, 베냐민 네타냐후 당시 재정부 장관은 보다 심화한 구조개혁을 단행했다. 결국 정부가 국방강화, 식민화, 분리장벽 건설에 아낌없이 자금을 퍼붓는 동안 사회적 예산은 대폭 감소했다. 이스라엘은 '창업국가'라는 이름 뒤로 세계에서 경제 불균형이 가장 심한 국가, 다섯 가정 중 한 가정이 빈곤선 이하의 생활을 하고 있는 국가가 됐다. 페미니즘 운동가인 레비탈 마다는 "이스라엘은 살기 좋은 나라가 아니다. 이는 유대인 남성들에게도 마찬가지다. 건물주나 은행가가 아닌 이상은 살기 힘들다"고 주장했다. 이런 사회복지의 붕괴는 이스라엘 여성들에게 세 가지 형태의 충격으로 다가왔다.

첫째로 보육제도의 악화다. 육아와 병행하며 파트타임으로라도 일하려면 반드시 보육시설 이용이 필요하지만, 50만 명에 달하는 3세 미만 아동 중 단 20%만이 공공보육시설 또는 정부지원시설을 이용할 수 있는 상황이다. 두 번째는 가족수당 보조금의 감소다. 특히 생활비를 혼자 감당해야 하는 싱글맘에 대한 보조금이 크게 줄어들었다. 그 결과 현재 싱글맘 중 81%가 경제활동을 하고 있지만 그 중 1/4은 빈곤선 이하의 생활을 하고 있는 것으로 나타났다. 마지막으로 공공부문 일자리의 축소다. 1980년대 초 여성 경제활동인구 중 70%가 공공부문에서 일하고 있었지만 2013년에는 그 비율이 17%까지 하락했다.

안보우선주의에 뒤덮인 여성의 권리

그런데 한편으로 이토록 상황이 악화하고 있음에도 불구하고 페미니스트들이 관심을 기울이지 않았던 이유는 무엇일까? 이에 대해 베르셰바 벤구리온 대학의 헨리에트 다한 칼레프 교수는 다음과 같이 분석했다.

 "이스라엘의 초기 페미니즘 단체들은 대부분 중산층 또는 고소득층의 아슈케나지 여성들로 이뤄져 있었다. 특히 유명한 페미니즘 운동가들은 정계나 군 고위직 출신 남성의 배우자이거나 딸인 경우가 대부분이었다. 참모총장 출신이자 거물급 정치인이었던 모셰 다얀의 딸 야엘 다얀의 경우가 대표적이다. 이런 아슈케나지 여성들은 주로 평화운동 분야에서 활발히 활동하며, 정작 인구의 절반에 해당하는 아슈케나지 특권층의 인종차별과 부권주의에 고통 받는 미즈라히계의 문제보다도 팔레스타인 문제에 더 큰 관심을 기울이고 있다."

 현재 다한 칼레프 교수는 미즈라히 페미니즘 단체 '아초

티'('나의 자매'라는 뜻)에 소속돼 있다. 이 단체는 자유주의 페미니즘에서 '잊힌 여성들'의 목소리를 대변하기 위해 1999년 창설된 곳으로, 이들이 말하는 '잊힌 여성'이란 미즈라히 여성들뿐 아니라 에티오피아, 팔레스타인, 베두인 여성들, 그리고 아프리카 출신의 이주여성들을 의미한다. 다한 칼레프 교수는 설명했다. "정부보조금 삭감에 맞서 일어난 2003년의 반대시위를 주도했던 것은 아슈케나지계 지식인 여성들이 아니었다. 시위를 처음 시작한 것은 이스라엘 남부 공업도시 미츠 페라몬 시에 거주하는 미즈라히계 싱글맘인 비키 크나포라는 여성이었다."

파트타임으로 주방에서 일하던 이 여성은 정부 보조금이 절반 수준으로 줄어들 것이라는 사실을 알게 되자 예루살렘까지 200km를 걸어가며 네타냐후 재정부 장관의 관심을 촉구했다. "오늘날 아슈케나지계 페미니스트들은 종교 분야의 양성평등을 주장하며 랍비가 될 권리나 탈무드를 공부할 권리 따위를 한가로이 요구하고 있다. 반면 미즈라히 여성들은 여전히 경제적, 사회적 문제를 놓고 투쟁하고 있다. 세계화로 악화한 상황들을 개선하고, 더 많은 교육과 일자리, 거주지, 적절한 지원 등을 보장받기 위해 싸우고 있는 것이다."

레비탈 마다는 "이스라엘이 군사주의, 민족주의, 식민주의 국가이자 반영구적 전쟁 상황에 놓여 있는 만큼 언제나 가장 우선이 되는 것은 안보문제다. 환경, 사회, 페미니즘 등은 앞으로도 부차적으로 여겨질 것"이라고 단정했다. 이스라엘의 '피포위

강박증Siege mentality'은 안보가 여성문제와 직접 충돌할 때 더욱 극명하게 드러난다. 군대 내 성추행 사건에 형사처분이 이뤄지는 경우가 극히 드문 것도 이 때문이다. 2002년 '성벽 작전'을 통해 유명해진 오펙 부크리스 준장은, 후에 여성 지원병 두 명을 성폭행해 기소됐으나 그 역시 처분은 대령 강등에 그쳤다. 그를 변호하러 나선 게숀 하코헨 소장은 심지어 부크리스 준장을 밧세바를 간음하는 죄를 범했지만 계속 왕좌를 지켰던 다윗 왕에 빗대기도 했다. 레비탈 마다는 "성폭행범이기 이전에 국가적 영웅이라는 것"이라고 요약했다.

안보 우선주의 때문에 여성 문제가 과소평가되는 또 다른 사례로 가정폭력 문제를 들 수 있다. 테러 위협이 커지면서 많은 민간인들이 총기를 휴대하기 시작했는데, 그 총구를 배우자를 향해 겨누는 일이 여러 번 일어났기 때문이다. 2002~2013년 총에 맞아 사망한 가정폭력의 피해자는 33명이며, 그 중 18명이 여성이었던 것으로 밝혀졌다. 이에 2013년 페미니즘 단체가 '총 없는 식탁' 캠페인을 벌이면서 가정 내 총기휴대를 제한하는 법이 상정됐다. 이 캠페인 이후 사망사건이 잠잠해졌지만, 효과는 일시적이었다. 2015년 '무장 인티파다'가 일어나자 이스라엘 정부는 다시금 국민들에게 총기 소지를 권장했고, 국회는 2016년 3월 총기 휴대를 제한하는 법을 수정해 표결에 부쳤다.

한편 이스라엘과 팔레스타인 간 분쟁이 계속되면서 맞고 사는 여성들이 갈림길로 내몰리기도 했다. 특히 인구의 10%를 차지하는 이스라엘 국적의 팔레스타인 여성들의 경우, 배우자에게 폭력을 당한 여성들 중 1/4이 2009~2013년 배우자에게 살해당한 것으로 밝혀졌다. 그런데도 이들 대부분이 경찰에 고발하는 것조차 망설이고 있다. 1994년 팔레스타인 여성들이 금기를 깨고 '명예살인'에 반대하는 '엘파나(등대)' 운동을 펼쳤을 때도 이들은 반역자 취급을 받아야 했다. 배우자의 가정폭력이나 성추행 문제와 함께 여성의 경제적, 사회적 문제 역시도 부차적인 것으로 여겨져 왔다. 이스라엘 언론들은 팔레스타인의 자살테러가 헤드라인을 장식하던 날에도 비키 크나포의 200km에 걸친 시위행군을 보도했지만, 정작 아무것도 얻지 못한 싱글맘들의 입장에 대해서는 함구했다.

이에 대해, 한나 사프란은 "오슬로 협정이 체결되던 해나 이스라엘 사회가 어느 정도 비무장화되던 시기에 여성문제에서 주된 법적진전이 이뤄진 것은 결코 우연이 아니다. 비무장 시기에야, 비로소 안보 이외의 주제를 꺼낼 수 있었기 때문이다"라고 분석했다. 많은 여성 운동가들이, 이스라엘의 여성해방 운동과 영토점령 반대운동이 연결돼 있다고 보는 것도 이런 이유에서다. 한나 사프란도 이 두 가지를 따로 볼 수 없다고 지적했다. 그녀는 아들이 군복무를 결정했을 때, 군복을 세탁해주지 않겠다고 선언하는 사설을 기고하기도 했다.

이스라엘 여성의 지위가 향상됐다고 단언하기 어려운 또 다른 이유는, 여전히 모든 것이 정해진 기준만을 따르고 있기 때문이기도 하다. 군복무를 하는 여성은 보다 좋은 전문경력을 쌓을 기회를 얻는 반면, 성범죄에 노출될 위험을 무릅써야 한다. 실제로 2013년 국회 보고서에 의하면, 이스라엘 여군의 1/8이 성추행을 당한 것으로 나타났다. 게다가 이들은 이스라엘의 군사주의 사회에 대한 비판조차도 포기하기로 결정해야 한다.

그럼에도, 이스라엘 여성에게 선택지란 존재하지 않는다.

글　로라 랭 | 시민운동가
유럽연합(EU) 관료들의 부패 감시를 위한 데이터베이스 시스템 '리볼빙 도어 워치'(Revolving Door Watch·회전문인사 감시)를 운영하고 있다.

1　Amnon Kapeliouk, 'La décadence des kibboutz israéliens', 〈르몽드 디플로마티크〉 프랑스어판, 1995년 8월.
2　세계은행 및 UN인구국의 자료에 따름
3　Yaël Laer, 'Israël: le pouvoir maléfique des hommes en noir', 〈르몽드 디플로마티크〉 프랑스어판, 2013년 1월.
4　이스라엘 유대인 중 '미즈라히'는 아랍 출신의 유대인을, '세파디'는 15세기 스페인에서 추방돼 이주해온 유대인의 후손들을 가리킨다.
5　오슬로 협정은 요르단강 서안지구와 가자지구 내 팔레스타인의 자치에 대해 그 일정과 점진적 진행과정을 결정한 이스라엘과 팔레스타인 간 협정이다.

평등권을 우롱당하는 아랍 여성들

글 와르다 모함메드 | 언론인

아랍 여성들은 그들이 태어나 자라고, 결혼하고 자녀를 낳아 키워낸 땅에서 단지 '여성'이라는 이유로 차별받는다. 아랍연맹의 23개 회원국은 친자관계, 결혼, 귀화, 이중국적, 속지주의와 속인주의 절차에 따라 국적을 할당한다. 이런 절차 속에서 국적법으로 인해 큰 피해를 입고 있는 아랍 여성들은 오늘도 아랍 남성에게는 '당연히' 주어지는 권리를 얻기 위해 치열하게 싸우고 있다.

40세의 레바논 여성 건축가 리나[1]가 말했다. "1996년, 저는 프랑스인 기욤을 만났어요. 그는 레바논에서 군복무를 하며 공부했어요. 우리는 항상 함께했지요." 하지만 이 관계는 순탄치 않았다. "저는 무슬림이고, 그는 기독교인이었어요. 우리는 레바논에서 결혼할 수 없었어요. 레바논엔 민법상의 결혼이 존재하지 않기 때문입니다. 그래서 2000년, 저는 그와 키프로스에서

식을 올렸어요." 곧이어 부부는 베이루트의 레바논과 프랑스 당국에 혼인신고를 했고, 1년 후 리나는 프랑스 국적을 취득했다. 하지만 이들은 레바논에 체류하고 있다. 비록 행정적인 제약이 이들의 삶을 짓누르지만, 기욤은 이곳이 좋다. 45세의 이 부동산 컨설턴트는 체류증을 해마다 갱신해야 한다며 불만을 토로했다. "모든 행정절차가 힘들어요. 미칠 지경이죠."

2004년, 첫 아들이 태어났을 때, 리나는 자신들이 앞서 경험한 것들이 앞으로 경험할 것에 비하면 아무것도 아니라는 사실을 깨달았다. "레바논인 엄마가 레바논에서 낳은 내 아들은 마치 외국인처럼 체류증이 필요했어요!" 왜냐하면 레바논의 경우, 쿠웨이트, 카타르, 시리아, 오만, 수단, 소말리아에서처럼 생부가 누군지 모를 때를 제외하고 자녀에게 어머니의 국적을 물려줄 수 없기 때문이다.

신분증도, 국적도 가질 수 없는 그들

이제 두 아들을 둔 부부는 다음과 같은 큰 아들의 질문에 답변해야 한다. "나는 뭐야? 왜 나는 레바논 여권을 소지할 수 없는 거야?" 리나는 이 같은 질문에 다음과 같이 대답하며 부당함을 느낀다. "넌 레바논인이기는 하지만 다른 애들과는 달라." 아버지는 자식들 때문에 "절망스럽다"고 말했다. 두 아이는 공립학교와 보건 시스템을 이용할 수도 없고, 재산취득이나 창업도 불가능하며, 일부 직업도 가질 수 없다. 그리고 이 같은 불합리한 신분은 대물림 된다. 2011년, 카롤 만수르가 제작한 다큐멘터리 〈모두가 국가를 위한다〉에서 내레이션을 맡았던 제나브도 신분증이 없다. 제나브는 레바논에서 태어나 자랐지만, 이집트인인 아버지는 제나브를 이집트에 이집트인으로 등재하기 전에 사망했다. 그래서 그는 레바논 호적에 올라있지 않다. 설상가상으로, 그의 어머니는 자녀들을 고아원에 맡길 수밖에 없었다. 국적이 없어 무상교육은 물론 아무것도 할 수 없었기 때문이다.

이 다큐멘터리 속에서, 레바논 여인과 결혼해 두 아들을 둔 이집트인 변호사 아델은 레바논에서의 추방 건에 대해 언급했다. 그는 또 레바논의 체류증 장사도 거론했다. 프랑스인인 기욤에겐 무료지만 그에게는 유료인데다가, 체류증 취득이 거부될 수도 있다. 체류증 취득이 거부된 남편과 가장들은 며칠 내로 가족과 함께 레바논 영토를 떠나야 한다. 아랍연맹의 23개 회원국[2]은 친자관계, 결혼, 귀화, 이중국적, 새로운 국적 취득을 위한 국적 포기, 속지주의와 속인주의 절차에 따라 국적을 할당하고 있다.

여성들은 이런 절차 속에서 국적법으로 인한 큰 피해를 입고 있다. 더군다나 1981년 유엔 여성차별 철폐협약CEDAW이 발효됐음에도 불구하고, 거의 모든 이들 국가는 여성과 관련된 제2조항과 자녀의 국적승계를 명시한 제 9조항에 대해선 유보를 표명했다. 따라서 여성단체들은 동등한 권리를 주장한다. 실제로 남성들은 출생지와 무관하게 본인의 국적을 외국 배우자와 자녀들에게 물려줄 수 있다. 아랍인과 결혼한 외국 여성은 외국인과 결혼한 현지 여성에 비해 더 많은 권리를 누리면서 제약도 덜 받는다. 수지 카일의 경우가 그렇다. 그녀는 1977년 애리조나 투손 대학에서 아드난 카일을 만났다. 수지는 25세의 미국인이고, 아드난은 사우디아라비아 제다에서 태어나고 자란 사람이었다. 12년 후, 그들은 결혼했다. 이들은 아들 아담을 얻고, 아들은 미국에서 태어나고 사우디아라비아 왕국에 한 번도 거주한 적이 없었지만 자동적으로 사우디 국적을 취득했다.

'신분'을 얻기 위한 고난의 싸움

이들은 만난 지 30년 후, 제다로 이주했다. 수지 카일은 국적을 취득할 권리가 있다. 하지만 그는 국적취득 절차를 밟지 않았다. 그녀는 자신의 특별한 신분을 의식하며 이렇게 말했다. "국적이 주는 혜택은 없어도 돼요. 내 처지는 외국 남성들과 결혼한 사우디 여성들의 처지만큼 심각하지 않으니까요."

그럼에도 불구하고, 그녀는 "내 남편에게 무슨 일이 닥치면 난 어떻게 될까?"하고 종종 생각하게 된다. 긴 협상 및 초국가적인 계도 캠페인 후, 이들 국가의 일부 법률은 변경됐다. '내 국적 찾기' 캠페인이 펼쳐진 이후, 해마다 갱신하던 레바논 체류증은 3년마다 갱신으로 바뀌었다. 그리고 2012년, 사우디 내각은 처음으로 국적문제를 의제로 정했다. 한편, 알제리 여성들이나 이라크 여성들과 결혼한 외국 남성들은 각각 2005년과 2006년부터 본인은 물론 자녀들도 알제리나 이라크 국적을 취득할 수 있다. 모로코와 이집트에서는 2008년부터 어머니의 국적취득이 가능해졌고, 튀니지와 리비아에선 2010년부터 가능해졌다. 하지만 남편이 무슬림이어야 한다는 등 일부 특정 자격조건이 있다. 모로코 여성민우회ADFM의 회원이자 회장인 아미나 로트피가 설명했다. "여기까지 오는데 20년, 참으로 긴 여정이었어요." (국적취득 문제에 있어서) 이 같은 개선은(사법, 노동 등) 모든 부문에서의 보다 광범위한 개혁과 특히 소위 무다와나 Mudawana[3]라 일컫는 가족법 개정과 연관이 있다. 로트피는 "민우회에 무다와나 제도의 폭력성을 알린 것은 여성들이었다"고 한다. 이후 민우회는 왕이 임명한 위원회에 무다와나 개정안을 제출했다. 2001년부터, 무다와나 개정에 대한 대대적인 자문과 캠페인이 실시됐다. 그녀는 덧붙여 "우리는 보수단체의 항의에 맞서, 연대를 했죠. 2002년 우리는 '평등의 봄'을 창설했어요. 그러니까 우리는 '아랍의 봄' 이전에 '봄'을 맞은 셈이죠"라고 말했다. 결국 2007년 모로코 정부는, 1958년에 발효된 국적법을 개정했다. 7년 이상 계속된 무다와나 개정 캠페인이 이룬 성과였다.

법의 보호를 받지 못하는 아랍 '혼혈'

이 개혁은 2002년 튀니지인과 결혼한 모로코 여성, 아미나의 인생을 바꿔놓았다. 태어날 때부터 심각한 병마에 시달리던 그녀의 딸은 정기적으로 큰 수술을 받았다. "딸아이가 튀니지 국적밖에 없어서 병원비를 내야 했어요." 아미나는 치료비를 내기 위해 진이 빠지도록 파출부 일을 한다. 가난한 이들 부부는 과중한 병원비 때문에 파산 직전에 내몰렸다. 딸은 현재 10세. 법원은 두 달에 걸쳐 이 사건을 심리한 끝에 아이에게 국적을 부여했다. 아미나는 다음과 같은 말로 인터뷰를 끝냈다. "우리는 여전히 가난하고, 딸은 여전히 아픕니다. 하지만 이제 우리 딸은 모로코인이에요. 무상으로 치료받을 권리가 생긴 거죠."

그러나 현재까지도, 여성들은 자신의 요구에 늦게 처리되는 행정에 불만을 토로한다. 말리인 남편과 함께 사는 모로코의 한 여성이 그런 경우다. 한편, 사우디아라비아, 예멘, 요르단, 에리트레아, 모리타니, 차드, 코모로 등도 국적법을 완화했다. 2001년부터, 아랍 에미리트 연방의 여성들은 중동 지역에서 처음으로 이른바 국제결혼으로 탄생한 자녀에게 자신들의 국적을 물려줄 수 있게 됐다. 아랍 에미리트 시스템이 훨씬 간편하긴 하지만, 혼혈아들은 사우디아라비아에서처럼 18세에 국적을 신청해야 한다. 원칙적으로 이들은 출생과 동시에 아랍 에미리트 국민과 동일한 권리를 지녔지만, 법은 여전히 적용되지 않고 있다.

그리고 어머니들이 이 법안을 다 알고 있는 것도 아니다. 그래서 캠페인이 지속되고 있다. 리나는 "과거 선거를 치렀지만, 이 법안을 개정하지 못했고, 앞으로도 개정이 어려울 것"이라고 외친다. 하지만 리나는 자신이 없다. 선거를 볼모로 캠페인을 주도했지만 법안의 의무이행 문제에 종지부를 찍지 못한 것 같기 때문이다.

사랑할 자유조차 위협하는 법

프랑스의 중동지역연구소IFPO의 연구원이자 국제위기그룹ICG의 중동 지역 분석가인 클레르 보그랑이 설명했다. "최근 몇 년간 국적취득과 관련된 문제 때문에 많은 시위가 일어났습니다. 가족의 일상생활에 영향을 끼치기 문제이기 때문이죠. 서류상 신분이 심각한 차별을 낳고 있어요. 법안 개정의 결과는 가변적이에요. 국적승계법안 개정은 인구 구성의 변화에 길을 열었어요. 특히 인구 구성문제가 심각한 레바논에서는 팔레스타인인들이 점차 결혼을 통해 레바논 국민에 통합되고 있어 우려의 목소리가 커지고 있어요. 게다가 특히 중동에서는, 정부가 문화와 인종이 같은 사람과의 국적 취득만 제한적으로 합법화하고 있어요. 이런 것들이 내국인 간 결혼을 부추기고 있죠. 이는 남성들도 마찬가지예요. 이런 위협은 결국 대부분 정치적인 것이죠."물론 코란이나 종교적 율법은 이에 대해 아무런 언급이 없다. 보그랑이 덧붙여 말했다. "종교적 율법을 들먹이는 것은 잘못이지만, 관성 때문에 율법을 거론할 수밖에 없어요. 문제는 이 율법이 잘못됐다고, 일관성이 없다고 규탄하려는 것이 아니라, 왜 이 율법이 특정 반향을 일으키고 있는지를 이해하는 것이에요. 아랍 세계에서는 개인의 신분을 결정하는 법률이 종교적 원칙에 영향을 받습니다. 따라서 가부장적 시스템을 문제 삼는 것은 어려운 일이에요. 남성들이 장악한 의회가 법안을 의결할 때는 특히 그렇죠."

현재 일어나고 있는 식민지화와 국경조정, 전쟁, 종교적 갈등(레바논)이나 인종적 갈등(수단)으로 인한 식민지 해방과 위태위태한 사회적 균형 등, 수많은 요인들이 이 지역과 이 지역의 법률들을 혼란에 빠트렸다. 많은 중동 국가들은 팔레스타인인에게 시민권을 부여하는 것은 국가를 건설하거나 본국으로 귀국할 이들의 권리를 침해하는 것이라 주장하며, (이들에 대한) 제한적인 국적 부여를 정당화한다. 하지만 국적법 개정 캠페인을 벌이는 레바논 단체는, 통계에 의하면 외국 남성과 결혼한 레바논 여성 중 팔레스타인 남성과 결혼한 여성 비율은 6%밖에 되지 않는다며 이 같은 주장을 규탄했다.

'아랍의 봄'이 국적 문제에 영향을 미쳤을까? 리나는 말했다. "나를 위해 프랑스에서의 삶을 희생한 남편을 위한 최소한의 배려입니다. 국적문제를 해결하는 것은요." 그녀는 레바논 무료 체류증을 신청하러 갔다가 둘째 아들의 레바논 입국료를 지불해야 한다는 사실을 알게 됐다고 말했다. 리나는 정부 직원에게 따졌다. "우리 애는 여기 출신입니다. 아이 몸속에 내 레바논 피가 흐르고, 레바논인인 내가 낳은 애란 말이에요. 여기가 분명 레바논 영토가 맞아요?" 직원이 응수했다. "애는 외국인이라, 돈을 내야 합니다." 법은 법이다.

글 **와르다 모함메드 | 언론인**
2011년부터 카이로에 머물면서, 〈르몽드 디플로마티크〉, 〈TV5〉 등의 매체에 이집트와 아랍에 관한 글을 쓰고 있다. 특히 아랍사회의 문화적 변동에 관심이 많다.

---

1 인터뷰에 응한 일부는 익명을 원했다.
2 알제리, 사우디아라비아, 바레인, 코모로, 이집트, 아랍에미리트, 에리트리아, 이라크, 요르단, 쿠웨이트, 레바논, 리비아, 모로코, 모리타니, 오만, 팔레스타인, 카타르, 소말리아, 수단, 시리아, 차드, 튀니지 및 예멘. Algérie, Arabie Saoudite, Bahreïn, Comores, Egypte, Emirats arabes unis, Erythrée, Irak, Jordanie, Koweït, Liban, Libye, Maroc, Mauritanie, Oman, Palestine, Qatar, Somalie, Soudan, Syrie, Tchad, Tunisie et Yémen 등.
3 Wendy Kristianasen, 〈이슬람 땅에서 여성 간의 논쟁〉 참고, 〈르몽드 디플로마티크〉 프랑스어판, 2004년 4월.

2부
투쟁과 전진

프랑스 여성들의 임신중절 투쟁

글　실비 로젠베르그 라이너 | 여성운동가

내가 지금부터 하는 이야기는 내가 매우 깊이 관여한, 즉 매우 주관적으로 겪었던 투쟁의 경험에 관한 이야기다. 우리는 피임, 나아가 임신중절의 자유화가 역사의 흐름이었다는 말을 종종 듣는다. 그러나 우리의 사상이 거의 확실히 승리했다고 말하는 것은, 피임과 자유로운 임신중절을 지지하는 사람들과 그 반대자들을 대립시켰던 격렬한 이념 투쟁을 덮어버리는 것이 된다. 사람들은 많은 의사들이 보여준, 차마 입에 올릴 수 없는 언행을 결코 밝히려 하지 않을 것이다. 임신중절을 위해 병원을 방문한 여성은 모욕을 당했고, 소파수술은 마취 없이 진행됐다.

1964년 나는 의과대학 3학년생이었다. 성교육은 없었다. 파리 생페르 가에 위치한 새로운 단과대학의 강당은 크리스티앙 카브롤 교수의 강의를 들으러 온 학생들로 가득 차 있었다. 카브

※ 임신중절 관련 지도는 240쪽의 부록을 참조.

롤 교수는 1968년 4월 27일 프랑스 최초로 심장이식에 성공한 인물이기도 하다. 그는 칠판에 남녀의 골반 해부도를 그리고, 의대생들이 즐겨 부르는 노래의 매우 세련된 문체 속에 함축된 노골적인 의미들을 자신의 설명 곳곳에 끼워 넣으며 골반 내외기관들에 대한 주석을 달아 설명했다. 그 강의의 명성은 확고했고, 미래의 의사들에게 오로지 해부를 위한, 성에 관한 유일한 정보를 제공했다. 반대로 임신중절수술이 야기할 수 있는 합병증에 관해서도 설명했다. 오늘날에는 완전히 사라졌지만 당시에는 치명적이었던 퍼프린젠스 바이러스로 인한 패혈증, 불임을 초래할 수 있는 후유증 등에 관해 매우 상세하게 설명했다.

가족계획기구는 1960년 창설됐다. 1965년 나는 친구인 엘리자베스 바르트 미쇼와 함께 가입을 결심했고, 그곳에서 홍보원 연수를 요청했다. 의과대학 학생이라는, 우리의 신분이 초기에는 분명 유리하게 작용했다. 가족계획 홍보원 교육은 매우 보수적이었고, 전적으로 의사조합의 관점과 요구를 따른 것이었다.[1] 우리는 페서리, 피임용 격막, 살정자 크림 등 기계식 피임방법들을 배웠다. 당시에 자궁(질) 내 삽입 피임기구들은 거의 사용되지 않았으며, 출산경험이 있는 여성들만 이용할 수 있었다. 우리는 스스로 페서리 사용법을 배워야만 했다. 프랑스에서는 사용이 금지됐던 경구용 피임약에 대해서는 언급이 없었다. 그때 우리는 비비엔 가에 소재하고 있던 그 조직에 우리 자리가 없다는 것을 느꼈다. 미혼여성이 처해있던 우리의 상황은 자문을 구하러 온 자녀를 둔 주부들뿐만 아니라 가족계획기구의 책임자들에게도 문제를 제기했다. 우리는 의사조합의 권위에 구속돼 있음을 느꼈다. 결국 당시의 성인 기준인 21세 이상 여성만이 이 기구에 가입할 수 있었다.[2]

프랑스 국립학생공제조합—제1학생조합인 프랑스 국립학생연합UNEF과 연계된—의 지지를 받던 당시, 우리는 학생으로 구성된 가족계획기구를 창설하기로 결정했다. 1966년 2월 22일, 우리는 생 미셸 대로에 '인구통계와 사회학 대학연구소Cesdu'라는 이름으로 상시개설창구를 열었다. 우리의 활동은 가족계획기구의 활동과는 많은 차이가 있었다. 우리는 문을 열자마자, 그 지역의 일반의와 산부인과 의사들을 만나 우리의 계획을 설명했다. 그리고 피임연구에 학생들을 받아줄 의향이 있는지 물었다. 길고 힘겨운 토론 끝에, 우리는 의사들의 명단을 얻었다. 우리는 당시 대부분 미성년자였던 우리 회원들에게 기꺼이 정보를 제공했고, 최대한 임신중절 신청에 응했다.

여성 343명의 선언문

1971년부터 투쟁은 한층 과격해졌다. 선언문과 그에 대한 반선언문이 연달아 발표됐다. 먼저 임신중절경험을 공개한 여성 343명의 선언문이 1971년 4월 5일 〈르 누벨 옵세르바퇴르〉에 실렸다. 이 선언문은 자신의 몸에 대한 자유를 찾는 여성투쟁의 진정한 서막을 알렸다. 일부 서명자들의 명성 때문에 이 선언문은 국제적인 반향을 얻었다.[3] 당시 의사협회는 반동의 선봉에 선 협회 의장 장 루이 로르타 자콥의 명의로 국립 기독교가족연합에게 편지를 썼다. "문제의 범죄자 343명의 명성, 그들의 성姓을 보고 울렁증을 느꼈습니다. 그리고 나는 그들을 절대로 가톨릭교도라 할 수 없다고 결론을 내렸습니다."

이 말은 〈르몽드〉에 게재됐고 일부 과잉반응을 야기했다. 하지만, 이건 차차 수위가 높아지는 언어폭력의 시작에 불과했다. 그런데도 임신중절에 여전히 미온적이었던 가족계획기구는 모든 고압적인 조처에 반대한다는 공식성명을 발표했다. 선언문에 서명한 '인기 여배우들'에 대한 사법부의 추적은 없었지만, 덜 유명한 다른 여성들은 직장에서 보복조치를 당하기도 했다.[4] 1971년 7월 여성 변호사 지젤 알리미가 시몬 드 보부아르와 함께 '선택하기, 여성의 입장' 협회를 설립한 것은, 법원 때문에 불안에 떠는 여성들을 무료로 변호하기 위해서였다.

이어서 1972년에는 강간당하고 임신중절을 한 17세 소녀 마리 클레르 슈발리에가 그녀의 어머니 미셸, 그리고 소식자(낙태시술시 자궁의 크기와 난관의 방향을 알려주는 쇠막대기)를 주입한 여성과 함께 '1920년 법'에 따라 고발당했다(91쪽 연대표 참조). 그들을 변호했던 지젤 알리미는 매우 정치적인 전략을 택했다. 그녀는 343명의 선언 서명자들과 작가이자 생물학자인

장 로스탕, 노벨 의학상 수상자 자크 모노, 대학교수이자 의사인 폴 밀리에 등의 인사들을 증인석에 세웠다. 폴 밀리에의 증언은 관심을 집중시켰다. 대학교수이자, 휴머니스트로 존경받는 주임의사였던 그 또한 종교상의 실천의무를 지키는 가톨릭교도로서 여섯 아이의 아버지였고, 원래 임신중절에 반대했었다. 그러나 그는 자신이 목격했던, 불법임신중절이 초래하는 중대한 결과에 대해 말하고, 자신의 딸이 만약 17세에 임신중절을 원했다면 자신은 그를 도왔을 것이라고 공언했다. 의사협회는 언론을 통한 그의 개입을 격렬하게 비난했다.

'감옥에 관한 정보그룹'을 모델로

당시 우리는 1972년 5월 14일, 그보다 한 해 앞서 미셸 푸코, 장 마리 도메나슈, 피에르 비달 나케가 창설한 '감옥에 관한 정보그룹'을 모델로 건강정보그룹GIS을 만들었다. GIS의 회원들은 의사, 의과대학생, 보건관련 직업을 지닌 이들이었으며, 의사가 아닌 이들은 우정으로 우리에게 합류했다. 그들은 건강악화의 원인은 대부분 노동환경과 생활환경에서 기인한다고 주장하고, 자신들의 전문능력을 십분 발휘해 GIS의 활동에 적극 참여했다.

    GIS는 카르만 방법 또는 흡인법의 발견에 힘입어 공개적으로 자유무상 임신중절을 위해 활동하게 됐다. 산부인과 의사 조엘 브뤼너리(가족계획기구에서 교육을 받은 GIS의 활동가)의 한 환자가 의사 하비 카르만이 방글라데시에서 노즐을 이용해 임신중절시술을 하는 것을 목격했다. 그리고 파리에 있는 여배우 델핀 세리그의 아파트에서 한 차례 시범시술이 시행됐다. 초창기부터 Cesdu에서 활동했고 이어서 GIS의 회원이 된 산부인과 의사 피에르 주아네도 함께였다. 그는 임신중절기술을 배웠고, 그리 어렵지 않다는 것을 알고는 기구들을 가지고 와서 회원들을 설득했다. 그리하여 우리는 여성의 집에서든 병원의 숙직실에서든 임신중절시술을 하기 시작했다.

수요를 감당하지 못하게 되자 GIS는 선언문을 돌려 알리려 했으며, 의학계의 확실한 저명인사들의 후원을 받으러 찾아다녔다. 소아과 의사 알렉상드르 민코브스키를 설득하려고 애썼던 일이 특히 기억에 남는다. 나는 그의 조수였는데, 민코브스키는 선언문이 너무 급진적이라고 생각했다. 우리는 즉시 책임자나 교수자격증과 명성을 갖춘 의사들의 서명을 받아냈다. 심리학자와 일반의들도 포함됐지만, 산부인과 의사는 거의 없었다. 1973년 2월 3일, GIS는 〈르 누벨 옵세르바퇴르〉에 여성은 스스로 결정을 내릴 권리가 있다고 주장한 331명의 선언문을 실었다. GIS는 의사협회의 입장이 의사들의 입장으로 대변되는 것을 거부했다. 서명자들은 어떤 금전적 이득도 구하지 않고 임신중절시술을 하거나, 하는 것을 돕겠다고 공언했다. 그리고 집단적으로 여론은 물론 사법기관이나 의학기관 앞에서 자신들의 행동에 책임을 지겠다고 약속했다.

    매우 거센 반발이 일었다. 의사협회는 "어떤 의사도 임신중절수술을 시행해서는 안 되며, 그럴 경우 그 의사는 '돌팔이 임신중절 시술자', 협회는 '범죄자 협회'가 된다"고 했다. 심지어는 '순진무구한 자들의 대학살'이라는 표현이 종교간행물에 실렸다. 하지만 GIS는 수많은 지지자들의 편지를 받기도 했다. 며칠 후 우리는 800명에 달하는 서명자들을 만났다. 우리의 선언문이 출간된 지 4일 후, 잡지 〈연구〉의 가톨릭신학자그룹과 공동작업을 하던 국립임신중절연구협회ANEA는 임신중절시술을 하겠다고 공언한 200명 이상의 인사들(그 중에는 밀리에와 민코브스키도 들어 있었다)의 서명이 든 헌장을 공표했다. 그들은 '1920년 법'의 폐기를 요구했지만, 여성의 임신중절 요구가 합법적인지 아닌지의 판단은 유보했다. 이들의 직업적 명성이나 사회·상징자본은 의사결정에 유리하게 작용했다. 중산층 지역인 뇌이Neuilly나 파리 16구 등지에 거주하고 있던 그들 대부분은 의사의 윤리적 역할을 옹호하는 동시에 완전한 자유임신중절은 반대했다.

임신중절과 피임의 자유를 위한 운동

1973년 4월 GIS의 의사들은, 임신중절과 피임의 자유를 위한 운동MLAC의 운동원들과 연대하기로 결정했다. 그들 중 일부는 의사 없이 하는 임신중절시술을 더 선호했다. 개업의들은 우리를 반대하는 이들이 악용할 소지가 있는 사고발생을 우려해, 규정을 충실히 지켰다. 나는 크레테유 대학병원 연구소CHU의 마취-소생과 과장인 피에르 위그나르 교수가 "사고가 나면, 환자를 내가 있는 마취과로 데려오면 된다"고 했을 때, 얼마나 큰 위안이 됐던지 기억이 생생하다.

    MLAC의 활동가들과 몇몇 의사들은 정기적으로 여성들에게 카르만 방법을 설명해주는 상시개설창구를 열었다. 대기 의사들이 주말에만 임신중절시술을 할 수 있었기 때문에, 활동가들은 모든 여성이 파리에 있는 그 창구를 이용할 수 없다는 사실을 알았다. 미성년자여서, 외국인이어서, 또는 젖먹이 아기가 있어서 등등의 이유로 결코 수도를 떠날 수 없는 여성들이 있었다. 나는 그들의 신원을 확인한 후, 필요한 이들에게는 병가증명서를 발행해줬다. MLAC 회원들은 네덜란드 여행을 기획하고 그들에게 동행할 것을 약속했다. 매주, 캘리코를 덮어씌운 자동차들이 프랑스를 가로질러 달렸다. 때늦은 임신중절을 위해서는 영국으로 가야만 했다. 주아네는 영국 진료소의 책임자들과 최선의 가격을 협상했다.

    뷔퐁 가의 상시개설창구에는 신속하게 여성들이 몰려들었고 거리에 긴 줄이 늘어섰다. 당시 우리는 파리 식물원의 잔디밭에 자리를 잡기로 결정하고, 그렇게 상시개설창구를 일반인에게 개방했다. 임신중절시술소에 더욱 신중을 기해, 우리는 차명으로 파리 15구 올리에 가의 한 아파트를 임대했다. 여성들은 먼저 '중재자'인 한 여성을 만났다. 그녀는 그들에게 수술이 어떻게 진행되는지 설명해주고 심리적으로 격려하며, 시술이 진행되는 동안 그들을 안심시키고 피임에 대한 정보를 제공했다. GIS의 거의 모든 의사들이 MLAC의 중재자들과 파트너로 활동했다.

그러나 이에 대한 반발은 여전히 잦아들지 않았다. 1973년 6월, 자신들의 윤리적, 종교적 원칙에 입각해 단호하게 임신중절을 반대한 1만 2천 명의 의사와 3천 명의 법률가들의 성명서가 발표됐다. 그들은 당시 사회운동을 하던 유전학자 제롬 르죈을 추종하면서도 여전히 신중한 태도를 견지했다. '선택하기' 협회와 입장이 비슷했던 그들은 의사가 결정권을, 적어도 여성의 결정권에 도움을 줄 수 있는 권한을 가지고 있기를 원했다. 그러나 1973년 6월, 국립 가족계획기구 총회에서 '극좌파'를 표방하는 젊은 세대 의사들이 승리를 거두면서 이 기구는 당시 출산조절 연구소에서 하는 임신중절시술에 결연히 참여할 수 있었다.[5]

그러나 가족계획이라는 개념을 과감하게 도입한 것은 그 이전 세대, 즉 '개혁자' 세대라는 사실을 기억해야 한다. 이 투쟁이 끝나면서 5년간 자발적 임신중절IVG을 허용하는 베유 법(법안을 구상한 장관의 이름에서 따온 명칭)이 1975년 1월 최종적으로 공포됐다. 결국 1979년, 이 법안이 최종 확정되기에 이르렀다.

연대표

1920	임신중절과 피임 금지
1942	임신중절을 사형에 처하는 '반국가' 범죄로 지정.
1943	몇 차례의 임신중절을 이유로 마리 루이즈 지로 참수.
1967	뇌비르트 법으로 피임 합법화. 처방에 의거해, 미성년자의 경우 반드시 부모의 동의하에, 약국에서 피임약 구입 허용.
1971	MLF(여성해방운동)의 발의에 따라 국제여성걷기 대회 개최. '자유무상 피임과 임신중절을 위해'.
1973	임신중절과 피임의 자유를 위한 운동MLAC 창설.
1974	미성년자가 피임약 구입 시 부모동의가 있어야 한다는 조항 삭제.
1975	임신 10주까지 자발적인 임신중단IVG을 허용하는 베유 법 공포.
1982	루디 법으로 IVG에 대한 사회보장제도의 환불 허용.
1990	병원에서 임신중절약 처방 허용.
1991	법으로 피임기구와 피임에 대한 광고 허용.
1993	네이에르츠 법으로 IVG 방해 범죄 성립.
2000	응급 사후피임약(차세대 피임약) 허용.
2001	오브리 법으로 임신 후 12주까지 IVG를 합법적으로 허용하고 18세 이하 미성년자도 부모의 동의 없이 중절수술을 받도록 함.

글 **실비 로젠베르그 라이너 | 여성운동가**
임신중절의 권리와 아동의 권리를 위해 활동한 운동가. 2014년 7월 사망. 이 글은 2008년 2월 14일, 파리 알렉상드르 쿠아레 연구소에서 열린 한 세미나에 제출했던 중요한 자료들을 수집한 가브리엘 발차와 모니트 펭송 샬로에 의해 출간이 가능해졌다.

1 가족계획기구가 전략적으로 주저한 것과 법률 존중주의에 의거해 접근한 데 대해서는, Marie-Françoise Lévy, 'Le Mouvement français pour le planning familial et les jeunes(가족계획과 젊은이들을 위한 프랑스의 운동)', 〈Vingtième siècle(20세기)〉, n° 75, Les Presses de Sciences Po, Paris, 2002.
2 그 당시(1974년) 저자는 막 18세가 지났을 때였다.
3 특히 시몬 드 보부아르, 마르그리트 뒤라스, 프랑수아즈 파비앙, 델핀 세리그, 카트린 드뇌브, 아리안 므누슈킨 등.
4 Maud Gelly, 'Le MALC et la lutte pour le droit à l'avortement(MLAC와 임신중절의 권리를 위한 투쟁)', Fondation Copernic, 2005, www.faondation-copernic.org
5 가족계획을 위한 프랑스의 운동, 〈Liberté, sexualités, féminisme. 50ans de combat du Planning pour les droits des femmes(자유, 성, 여성주의. 여성의 권리를 위한 가족계획기구의 투쟁 50년)〉, La Découverte, Paris, 2006 참조. 합법적 승리의 과정

서구가 정형화한 아랍여성상을 떨쳐야

글 사하르 칼리파 | 소설가

차도르¹나 부르카²를 쓴, 연약하고 억압받는 여성의 모습. 서구의 미디어에 비친 아랍여성들의 이미지다. 그렇다면 과연 아랍여성들은 역사의 흐름 바깥에 있는, 변화를 멈춰버린 존재일까? 오늘날 조금씩 변화를 겪고 있는 아랍여성들의 이야기를 들어본다.

익히 알고 있듯, 여성이란 존재는 아랍문화권 뿐만 아니라 다른 문화권에서도 나약한 성, 기이한 성, 불평등한 성, 유산을 상속받지 못하는 성, 가문에 이름을 남기지 않는 성, 많은 아이를 낳아야 하는 성을 의미해왔다. 온 가족이 실망의 눈물을 흘리는 가운데 태어난 아이, 그게 바로 나다. 가족 모두 아들을 기다렸지만, 절망스럽게도 나는 딸로 태어났다. 이미 딸만 넷인 집안에 다섯째 딸이 된 나의 탄생은 가족 전체에게는 다섯 번째 실망

※ 여성의 사회참여 관련 지도는 240쪽의 부록을 참조.

이자, 내 어머니에게는 다섯 번째 아픔이었다. 귀한 아들을 10명이나 쑥쑥 낳아 기세등등한 외숙모보다, 우리 가문의 모든 여자들보다 내 어머니가 훨씬 아름답고 총명했으며, 기품이 있었다. 그럼에도 우리 가문 사람들 모두 어머니를 열매 하나 제대로 맺지 못한 최하품종 취급을 했다.

나는 이런 편견과 사고방식 속에서 자랐다. 나는 어릴 때부터 가문 내 딸들을 포함해, 세상의 모든 소녀들은 힘도 없고 불행한 운명을 타고났으며, 영원히 나약할 것이라는 말을 끊임없이 들으며 자랐다.

"우리 가문에서 언니뿐이야. 팔레스타인 백과사전에 이름이 오른 사람은 말이야." 몇 달 전 막내 여동생이 말했다. 여동생은 안도의 한숨을 쉬며, "우리 칼리파 가문 중 백과사전에 오른 사람은 아버지도 오빠도 아니고, 10명의 아들을 둔 외삼촌도 아니었다. 가족 중 어떤 남자도 아닌 언니였다"고 덧붙였다. 나는 아랍계 여성으로서 여러 국면들을 헤쳐왔다. 편견에 맞서 변화를 거듭한 끝에, 나는 '변화의 매개자'가 됐다. 이제는 가장 보수적인 아랍 가정 내 여성들도 학교에 간다. 여성들도 교육을 받으며 교사, 의사, 엔지니어, 제약사, 작가, 언론인, 음악인, 예술가가 될 수 있다. 많은 여성들이 이제 사회에서 없어서는 안 될 귀중한 존재로, 남성보다 더 강하고 남성보다 더 창조적이고, 남성보다 더 중요한 존재로 여겨진다. 세상은 변화한다.

그러나 나는 서구 미디어 속의 아랍여성, 즉 가죽 가면을 쓰고 차도르로 상체를 감싼 채 베일 뒤의 하렘[3] 속에 있는 끔찍한 피조물을 볼 때 질문하지 않을 수 없었다. "왜 서구인들은 하나의 현실, 하나의 상태에 우리를 고정시켜 보는 걸까? 왜 우리가 다르게 창조된 존재이며, 변화가 불가능하다 생각하는 걸까?"

나세르와 아랍 민족주의의 황금기

내가 어렸을 때, 사회적 평등과 부의 분배, 여성의 지위와 시대에 뒤떨어진 체제에 관해 말씀하셨던, 항상 '변화'라는 단어를 언급하셨던 선생님이 계셨다. 내 주변의 모든 이들은 그 분을 존경하고 예찬했다. 젊은이들은 그 분을 선망했고, 어르신들은 그 분이 경찰에 쫓기는 몸이 됐을 때 기꺼이 은신처를 제공했다. 10대가 된 이후, 나는 변화와 공정성에 대해 말하는 사람이 그 선생님 한 분은 아니라는 사실을 알게 됐다. 교육받은 사람들은 대부분 그 분과 비슷한 신념과 생각을 표현했다. 그리고 나는 그 분과 비슷한 깨달음을 얻은 많은 남성들이 경찰에 쫓기거나 감옥에서 썩고 있다는 사실도 알게 됐다. 서구 강대국의 지지 속에 철통권력을 휘두르던 정권 하에서 일어나던 일이다.

변화에 관해 말하자면, 위대한 민족주의자 가말 압델 나세르를 빼놓을 수 없다. 우리 아랍 사람들에게 나세르는 변화에 대한 긍정적인 분위기를 북돋운 이로 기억된다. 평등, 동포애, 사회정의에 대해 말했던 그의 연설은 격렬하고 감동적이었다. 나세르는 수에즈 운하를 국유화함으로써 당시 두 식민 강대국인 영국과 프랑스에 큰 타격을 입혔고, 대중을 고무시키고 자존감을 불어넣었다. 이에 분노한 두 강대국은 그를 타도하기 위해 1956년 동맹국인 이스라엘과 함께 반反나세르 군사작전을 펼쳤다.

하지만 작전은 실패했고, 나세르는 보다 강력하고 영향력 있는 인물로 부상했다. 나세르는 제1차 세계대전 이후 중동을 지배받기 쉬웠던(여전히 그렇지만) 약소국들로 분할한 사이크스-피코협정[4] 이전 상태로 복원해 아랍세계를 재통합하려고 했다. 나세르의 이런 정책은 서구 강대국들에게 공포와 불안을 불러일으켰다. 서구 강대국들은 강력하고 독립적인 단일 아랍국가가 설립될 경우, 자신들이 더 이상 아랍세계를 착취할 수 없게 될 것과 동맹국인 이스라엘을 위협하게 될 것을 우려했다. 이런 이유에서 서구 미디어는 나세르를 파시스트라고 비난하고, '아랍의 히틀러'로 묘사하며 조롱했다.

그럼에도 불구하고 1950~60년대는 아랍 민족주의의 황금기였다. 아랍국가들의 거리는 변화를 위한 활력과 희망으로 넘치고 있었다. 아랍의 전통적인 사회정치 체제에 대해, 우리는 반항적이고 지극히 비판적인 태도를 취했다. 우리는 일상에서 향유했던 우리의 문학, 영화와 연극, 노래와 음악, 관용어구에 자유와 사회정의의 주제를 담았다. 아랍문화는 전 세계의 문학을 받아들였다. 우리는 서점과 거리에서 자유·혁명·변화를 외치는 실존주의 문학, 사회주의 문학, 흑인 문학을 접할 수 있었다.

자유와 변화를 향한 분위기는 모든 이들에게 영향을 미쳤다. 문맹의 농부들도 예외가 아니었으며, 고무된 여성들은 베일을 걷고 거리로 나오기 시작했다. 수만 명의 젊은 여성들이 대학을 졸업했다. 일부 여성들은 정치에 참여하고 정당에 가입하기 시작했다. 여성들은 베일을 벗어던졌으며, 민소매 셔츠와 미니스커트도 입기 시작했다. 믿겨지지 않을지 모르지만, 우리는 서구를 저주하면서도 로큰롤과 트위스트에 맞춰 춤을 췄다. 우리는 서구의 지배나 통제 하에서 사는 것은 거부하면서도, 서구인들처럼 살고는 싶었던 것이다.

그런 꿈같은 분위기는 서구의 지원을 받은 이스라엘이 1967년 제3차 중동전쟁에서 6일 만에 이집트를 패배시키면서 끝났다. 그 패배는 아랍의 민족주의 운동과 사회주의적 신념의 패배를 의미했다. 미국과 그의 중동 동맹국들은 이 기회를 놓치지 않았다. 그들은 이슬람주의자들을 후원함으로써 자유주의-좌파 민족주의를 배격하게 했고, 이를 위해 수백만 달러를 쏟아 부었다. 대중들에 의해 철저히 무시됐던 무슬림형제단은 힘을 얻기 시작했다. 1970~80년대에 아랍세계에서 일어난 일은 아프가니스탄에서 발생한 상황, 미국이 공산주의자들을 패배시키기 위해 빈 라덴을 포함한 이슬람주의자들을 지원하던 것과 아주 흡사했다.

그러나 미국은 자신들이 물심양면으로 엄청난 지원을 쏟아

부으며 '무자헤딘', '자유의 투사'라고 칭송했던 이슬람주의자들을 '테러리스트'라고 비난하기 시작했다. 이런 미국의 행태를 유럽이 뒤따랐다. 이스라엘은 팔레스타인에서 미국이 취한 노선을 답습했다. 이스라엘은 PLO(팔레스타인 해방기구) 내 동맹세력인 민족주의자와 사회주의자들에 맞서 싸우도록 이슬람주의자들을 부추겼다. PLO의 좌파 및 자유주의 지도자들과 행동주의자들은 탄압과 암살을 당했다. 반면 이슬람주의자들은 사회 곳곳에 진출하며, 여성과 사회에 대한 그들의 이상을 자유롭게 실현해 나갔다. 이스라엘도 이슬람주의자들이 교육계에 진출하도록 지원했다. 이스라엘은 우리 교육체제에 수백 명으로 시작해 수천 명에 이르는 이슬람주의자들을 투입시켰다. 이처럼 이슬람주의자들은 세력확장 초기부터 학생들에게 영향력을 행사하며, 더욱 강력한 힘을 얻게 됐다.

 이슬람주의자들은 자신들의 힘을 확신한 순간, 서구와 이스라엘에 대항하기 위해 그 힘을 전환시켰으며, 결국 실세로 등극했다. 소비에트 진영의 몰락과 민족주의, 사회주의의 패배는 이슬람주의자들의 세력확장에 유리하게 작용했다. 하지만 그것만이 원인은 아니다. 이슬람주의자들의 세력확장을 부추긴 결정적인 요인은, 우리 아랍 지도자들의 부정부패와 실정, 그리고 무능력이라 할 수 있다.

기이한 의상, 제국주의의 산물

이제 아랍여성들의 현 상황과 전 세계로부터 받고 있는 이중의 압제에 대해 이야기하고자 한다. 앞서 언급했듯, 서구의 신문, 잡지, 저널, TV리포트, 영화, 학술자료 등에서 아랍여성은 머리부터 발끝까지 검은 차도르와 두꺼운 베일로 온 몸을 감싼 모습, 자유의지로 숨을 쉬거나 생각할 수 없는 창조물, 눈 외에 모든 것을 다 가린 채 마녀나 끔찍한 유령처럼 허공에 떠다니는 피조물로 그려진다. 나를 포함한 아랍여성을 나타내는 온 몸을 감싼 옷을 '이슬람 의상'이라고 부른다. 나는 확신한다. 그 의상은 이슬람의 것도 아랍의 것도 아니라는 것을. 내가 아는 '이슬람 의상'은 서구의 창조물이며, 서구 제국주의 영향으로 인한 부자연스러운 발현물이다.

내 말이 우습게 들리는가? 믿겨지지 않는가? 히잡이 서구의 창조물이라고? 히잡은 항상 아랍문화의 일부분이 아니었던가? 동정녀 마리아는 두건을 쓰고 그녀의 신성한 몸을 머리부터 발끝까지 덮은 '아바야'[5]를 입었다. 자, 정확히 말해두자. 기억 속의 내 어머니는 히잡을 착용하긴 했다. 하지만 서구인들이 '이슬람 의상'이라 부르는 그런 히잡은 아니었다. 내 어머니가 걸쳤던 것은 얼굴과 머리를 부드럽게 감싸는, 얇은 검은 색 거즈였다. 터키 지배 시절 오스만 문화의 영향을 받은 그 거즈는 시선과 호흡에 아무런 방해가 되지 않았다.

또한 어머니는 무릎까지 내려오는 조신한 스커트나 드레스, 가슴과 허리선을 강조하는 짧은 재킷을 즐겨 입었다. 이 역시 흔히 '이슬람 의상'이라 부르는, 여성의 신체를 길고 밋밋한 자루나 통나무, 굴뚝처럼 감싼 옷과는 많이 달랐다.

1950년대 초 어머니를 비롯한 그 세대 여성들의 대부분은 '수푸르'[6]라는 정책에 따라 베일을 벗어버렸다. 어머니도 유행하는 옷이나 짧은 소매의 재킷을 입었다. 그리고 당시 유행에 따라 옷을 입고 짧은 머리를 했다. 어머니는 아랍세계 도시의 중산층 여성답게 행동했지만, 작은 마을에서는 보다 겸손하게 행동하는 영민함이 있었다. 위대한 아랍가수 움므 쿨숨[7] 등 그 시대 가수의 비디오를 보면, 여성 청중 중 단 한 명도 소위 '이슬람 의상'이라는 것을 입지 않았다는 것을 알 수 있다. 나는 그 당시, 그러니까 1950년대부터 1980년대 초까지 아랍여성들은 전 계급에 걸쳐 대부분 지금의 나와 비슷한 차림이었다는 것을 지적하고 싶다. '이슬람 의상'의 상징인 두건, 차도르, 아바야, 베일, 부르카 중 그 어떤 것도 걸치지 않았다. 단지 농촌여성들이 동정녀 마리아가 2천여 년 전에 입었던 것과 비슷한 전통의상을 계속 입었을 뿐이다.

이스라엘이 1948년 팔레스타인의 대부분 지역을 점령하자, 즉시 어머니는 베일을 벗어버렸다. 이스라엘의 점령은 사회적 격변을 수반한 정치적·경제적 재앙을 초래했다. 그로 인해 거리와 학교, 직장에서는 베일을 비롯해 여성의 이동 제한 등 많은 오랜 관습들이 사라졌다. 경제적 쇠퇴로 인해 수천에 이르는 가족들이 조국과 집, 땅을 잃었다. 남자들은 전쟁터로, 여성들은 가정 밖으로 끌려나와 일터나 학교로 내몰렸다. 이 재앙은 여성들에게 직접적으로 영향을 끼쳤다. 그러나 교육의 혜택으로, 여성들은 걸프지역 국가들에서 일할 수 있었다. 따라서 가족들을 부양할 수 있었고, 형제자매가 의사, 엔지니어, 변호사 등 전문직에 진출할 수 있도록 교육비를 지원할 수 있었다.

우리는 교육의 혜택을 받은 수천 명의 팔레스타인 소녀들이 두건을 하지 않은 채 해외여행을 하고, 해외에서 미혼인 채로 스스로 생활을 꾸려나가고, 저소득층 가정을 이끌며 가장으로서 존중받는 모습을 볼 수 있었다. 나는 그런 여성들의 모습을 나의 소설 〈유산The Inheritance〉에서 기술했다. 시간이 흐르면서, 그런 젊은 여성들이 이집트·시리아·레바논에 위치한 아랍세계의 대학교에서 공부하는 자매들을 재정적으로 지원해, 그 자매들이 의료·제약·엔지니어링·법률 등 다양한 분야의 학위를 취득하는 것이 허용됨은 물론, 결국에는 환영받기에 이르렀다. 전문적인 직업을 원하는 젊은 여성들은 교육을 받았고, 용기와 세상에 열린 마음이 있었다. 그 여성들은 페미니즘과 사회해방운동을 발족시켰다. 물론 페미니스트 사상과 운동에 대한 우리 지식은 아미나 알 사이드[8], 수하르 알-칼라마위[9], 두리야 샤피크[10] 등 일군의 개척자들이 이집트 신문에 게재한 가족계획·조혼·일부다처제 등 비교적 가벼운 주제에 국한된 것이었지만 말이다.

1967년 제3차 중동전쟁에서 이집트가 이스라엘에 패배한 직후, 독재적이고 반사회주의적이며 반자유주의적인 아랍체제가 이슬람 근본주의 단체들과 동맹을 맺었다. 미국의 지원을 등에 업은 이 아랍체제는 동맹을 맺은 단체들에게 풍족한 자금을 지원했다. 예를 들어, 소위 '이슬람 의상'을 입은 모든 이들은 매월 일정액(남성은 15 요르단 디나르, 여성은 10 요르단 디나르)을 지원 받았다. 남성에게는 '이슬람 의상'이란, 턱수염을 기른 채 손질하지 않고, 짧은 디쉬다샤[11]나 겔라비야[12]를 입고 가죽 샌들을 신는 것을, 여성에게는 두터운 두건과 발가락까지 닿는 검고 긴 코트를 걸치는 것을 의미했다.

매월 지원 받는 사람들은 화려하게 제작된 쿠란[13]과 아름다운 기도용 매트, 게다가 기도용 묵주(默珠)까지 제공받았다. 이슬람 단체들은 우선 지도력과 영향력을 행사할 수 있는 젊은이들, 그 다음으로 가정 내의 여성들을 포섭대상으로 삼았다. 관련 모임들이 생겨났고, 가정 내에는 수도실이 만들어졌다. 이후 이들의 포섭 무대는 예배당·학교·대학으로 확대됐다. 미국은 아랍사회를 사회주의적 사상 및 진보적 프로젝트와 격리시키려 했다. 아랍사회가 서구의 영향력에서 벗어나는 것, 결국 아랍사회 내에서 창조적인 에너지를 분출하는 것을 막으려 한 것이다. 이런 미국이 설계한 계획을 따르고, 미국에 충성하고 미국의 지시를 받는 아랍체제가 물심양면으로 지원한 결과 이슬람 근본주의는 신속하게 전파될 수 있었다.

서구 강대국들의 이슬람 근본주의자를 만들기 위한 지원은 의상이나 모임장소에만 국한된 것이 아니었다. 풍족한 재정적 지원 덕택에 초등학교, 중등학교에서도 포교활동이 가능했던 것이다. 이슬람주의자들은 성별을 막론하고 교사임명 시 우선권을 부여받았고, 결과적으로 영향력 있는 젊은 제자와 학생들이 생겨났다. 그럼으로써 근본주의자들의 사상과 이념은 아이들의 정신을 지배하게 됐다. 덧붙여 청소년들은 아랍의 사막지대와 아프가니스탄 및 파키스탄에 설치된 특별 캠프에서 군대의 규율을 학습하고 무술 훈련까지 받았다.

   그러나 아이러니하게도 마법사는 자신의 마법이 스스로를 불리한 상황 속에 빠뜨렸다는 것을 깨달았다. 미국과 그 동맹국들의 지원을 받은 이슬람 근본주의 단체들이 서구를 위협하기 시작했던 것이다. 그때서야 미국과 동맹국들은 서구에 적대적인 엄격한 이슬람 근본주의 단체를 지원한 것이, 그들 자신을 겨냥한 덫이 되고 말았음을 인식하기 시작했다.

서구의 지원 속에 근본주의 확산

우리는 위협적인 지적·사회적·정치적 혼돈 속에 살고 있다. 모든 것이 엉켜버렸고, 우리는 어느 쪽이 더 잔혹한지 모른 채 양쪽에서 위협받고 있다. 한 쪽은 음모획책·착취·식민지화를 벌인 서구이며, 다른 한 쪽은 우리를 압제와 하렘의 시대로 되돌리며 혁신이라는 미명으로 현혹하는 이슬람 근본주의 운동이다. 한쪽에는 자유롭고 세속적이며 과학적이지만 식민주의적인 서구가 있고, 다른 한쪽에는 서구에 저항하며 자신들에게 관심가질 것을 요구하고 과학·근대성·페미니즘·사회적 해방에 역행하는 이슬람 근본주의가 있다. 이런 혼돈의 영향은 서구에까지 미친다. 차도르를 두르고 베일로 얼굴을 가린 아랍여성은 서구 국가들에 공포와 혐오를 유발하는 하나의 현상이 돼버렸다. 그런 감정이 깊어지면서 일부 서구국가에서는 이슬람 의상의 착용이 법으로 금지됐고, 이슬람 의상을 입은 여성들은 학교 등 공공장소에 출입이 허용되지 않는다.

이런 현상을 넘어서서, 서구인들에게는 믿음이 있다. 모든 아랍인들과 무슬림들이 이슬람 근본주의자들처럼 엄격하고 광신적이며, 지적으로 폐쇄돼있다는 믿음이다. 그들은 그렇게 믿음으로써 이슬람 근본주의 운동이 원래 서구와 그들의 반동적 동맹에서 비롯된 것이며, 우리의 민주적이고 정교분리적이고 학자적인 태도에, 우리 여성들에게 방해물로 작용했다는 사실을 잊거나 부정하려 한다. 서구인들은 엄청난 인종주의적 편견을 가지고 우리 아랍인들을 박해하고 있다. 그리고 무슬림과 기독교인을 포함한 모든 아랍인들을 한데 묶어 우리를 비난한다. 사실은 그 비난은 서구인들 스스로를 향해야 마땅한 것임에도 불구하고 말이다.

나는 이런 편협하고 이기주의적인 사고를 가진 이들에게 한 마디 해주고 싶다. 당신들이 믿거나 상상하는 것보다 훨씬 우리는 당신들과 가까운 존재라고 말이다. 세계가 좀 가까워졌다고 해서 거듭 말하지는 않겠다. 우리는 지금 당신들의 바닷가를 거쳐 당신들에게 파도처럼 다가가고 있는 중이다. 서구인들 당신들이 아무리 아랍인들의 이민을 제한하고 감시를 강화한다 해도, 우리는 당신들에게 다가갈 방법을 찾아 당신들의 장벽을 넘어, 당신들에게 우리 존재를 호소할 것이다. 우리는 이미 당신들 가운데 있다. 당신들은 우리 존재를 부정할 수 없을 것이다. 왜냐하면 우리는 바로 당신들 뒤, 그리고 면전에 있으며, 당신들 생활의 부분이 됐기 때문이다.

나는 결코 서구인들에게 화를 내려는 것이 아니다. 내가 바라는 것은 나의 존재를 변호하는 것, 더욱이 명백하게 아주 사실적으로 변호하는 것이 전부다. 나는 서구인들에게 내가 느끼는 것을 느끼게 하고, 내가 두려워하는 것을 두려워하게 하며, 그들의 식민 정부가 우리에게, 나에게 한 짓이 어떤 것인지 깨닫기를 바란다. 나는 왜 서구의 미디어가 나를 그들 기준으로 재단하고 위조하면서 정형화된 아랍인으로 몰아가는지 잘 안다. 서구의 미디어가 아랍여성을 정형화할 때, 부르카를 입은 여성을 보여줄 때, 그들은 페미니스트 작가인 나를 비롯해 교육의 혜택을 받은 수십만의 아랍여성들, 그리고 수백만의 모든 아랍여성들이 어두침침한 얼굴을 하고, 짓눌려진 머리를 하고, 아무 생각도 말도 없고, 멋도 없는 부르카를 입은 모습이라고 말없이 주입하고 있는 것이다. 그러나 아랍여성인 나조차 부르카를 입은 여성의 모습에 엄청난 두려움을 느낀다. 그 모습은 보편적인 아랍여성의 모습이 아니기 때문이다.

우리는 두려움에 떨고 있다. 어느 날 부르카를 입은 여성이 손을 뻗어, 나와 내 딸, 내 손녀를 끌고 갈까 두렵다. 서구의 계획과 정책에 의해 어둠 속에 갇힌 사악한 아랍체제 속으로 끌어들일 것이 두려운 것이다. 우리가 과거와 현재의 이미지에 갇힐까 두렵다. 서구시장을 위한 석유생산자라는 이미지에 말이다.

나는 바란다. 피부 색깔, 빛, 비전의 차이에도 불구하고 여러분이 나를 용서하고 나를 사랑하기를 진심으로 바란다.

| 글 | **사하르 칼리파** | 소설가
미국 채플힐의 노스캐롤라이나 주립대학교에서 영문학 석사, 아이오와 대학에서 여성학과 미국문학으로 문학박사를 받았다. 첫 장편 〈우리는 이제 당신들의 하녀가 아니다〉에서 아랍과 팔레스타인 사회 속 여성의 상황을 그렸으며, 2006년 장편 〈그림과 아이콘과 구약성서〉로 나기브 마푸즈 문학상을 수상했다.

1 Chador, 이슬람교도 여성들이 외출할 때 얼굴을 가리기 위해 머리에서 어깨로 뒤집어쓰는 네모진 천.
2 Burka, 신체 전 부위를 가리는 아랍여성의 의복.
3 Harem, 이슬람 국가에서 여자들이 분리돼 기거하는 방.
4 Sykes-Picot Agreement, 1916년 5월 영국 대표 마크 사이크스와 프랑스 대표 조르주 피코가 터키령인 아라비아 민족 지역의 분할을 결정한 비밀협정.
5 Abaya, 이슬람권의 많은 지역에서 여성들이 입는 검은 망토 모양의 의상.
6 Sufur, '덮개 없음'의 의미.
7 Umm Kulthum, '이집트의 소리'라고 불리는, 이집트가 낳은 20세기 아랍최고의 여가수. 대중적인 노래 외에도 민족과 역사에 연관이 있는 노래를 많이 불렀으며, 타랍(엑스터시)을 지향하는 아랍 음악 속에서 매번 타랍에 이르게 하며 관객의 열띤 환호를 이끌어냈다.
8 Amina al-Sa'id, 1973년 〈알 무사와르(Al Moussawar)〉의 편집장에 취임하면서 아랍계 언론 최초로 여성 편집장에 오른 페미니스트 운동가.
9 Suhair al-Qalamawi, 이집트 작가이자 정치가. 아랍권 최초 여성대학생이자 박사학위를 취득한 페미니스트 운동가.
10 Durriya Shafiq, '나일강의 딸'이라 불린 이집트의 여성참정권 운동가.
11 Dishdasha, 소매가 긴 흰 옷.
12 Gellabiya, 원피스 형식의 민속의상. '젤라바'라고도 함.
13 Qur'an, 이슬람교의 성전.

쿠르드 지역에도 여성 투쟁가들이 있다!

글 나다 모쿠랑 | 언론인

이라크 쿠르드 여성들의 실제 상황은 언론에서 흔히 접할 수 있는 당당한 여군들의 모습과는 매우 다르다. 법제도 등 여러 차원에서 여성해방을 위한 진보가 이뤄졌지만, 여성혐오적 박해와 명예살인 등의 악습은 여전히 계속되고 있다.

헬리 러브는 수니파 무장세력 이슬람국가IS에 대한 쿠르드인들의 저항을 상징하는 존재가 됐다. 헬리 러브(본명: 헬란 압둘라)는 애국심을 고취시키는 팝송을 세계에 전파하며 큰 인기를 얻었다. 2014년 발표한 뮤직비디오 〈Risk It All〉은 유튜브 조회 수 4백만을 기록했다. 전통적인 춤을 비욘세, 브리트니 스피어스도 무시하지 못할 리듬과 결합시킨 형태의 이 뮤직비디오는 영어로 된 가사로 쿠르드인들에게 '모든 위험을 감수할 것'을 엄숙히 강조하고 있다. 뮤직비디오에서 헬리 러브는 미니스커트나 전투복 차림으로 여전사들에게 둘러싸여 등장한다. 이 여전사들은 카피에(아랍, 팔레스타인, 쿠르드 등지에서 쓰는 전통적인 머리쓰개-역주)를 쓰고 눈 화장을 진하게 한 채, 매니큐어를 칠한 손으로 카라슈니코프 자동소총을 휘두르고 있다. 헬리 러브의 다른 노래들처럼, 이 영상은 쿠르드 여군의 특성으로 알려진 카리스마를 표현한다. 이런 영상이 확산될수록, 쿠르드 여군을 향한 지속적이며 열광적인 관심은 높아질 것이 틀림없다.

쿠르드족의 정치지도자들은 IS와 대치하기 이전부터 이미 지리적 위치를 불문하고 여성들을 군사적 요직에 배치해왔으며, 정치적 요직에도 임명해왔다. 100년도 더 이전인 1909년에 이미 아딜라 카님Adila Khanim이라는 여성은 남편의 뒤를 이어 할랍자 총독을 맡았고, 또 쿠르디스탄에서 가장 큰 부족인 자프족의 족장을 맡았다. 카님은 역내 질서와 법제도를 재확립하는 데 성공한 인물로 알려져 있다. 이 전설적인 인물은 오늘날 106대대와 관련해 두 여성 대령, 나디아 아메드 라시드와 아일라 하마 아민 아메드에게 영감을 줬다. 106대대는 쿠르드 자치정부KRG: Kurdish Regional Government[1] 세력 하의 이라크 도시 술라이마니야에서 1996년 창설된, 여성 병사로만 구성된 대대다.

아메드 라시드와 하마 아민 아메드, 106대대가 조직된 이후 줄곧 대대에 헌신해온 이들은 이런 헌신의 동기에 대해 주저 없이 설명했다. "위협당하는 조국을 지키기 위해 무기를 들 절대적 필요성을 느꼈으며, 동시에 형제자매가 죽임을 당하는데 집에만 있을 수 없기 때문"이라는 것. 두 장교는 자신들이 직면했던 난관, 특히 이라크 쿠르드 사회의 소극적인 태도를 극복하는 과정에서 경험했던 어려움을 토로했다. 하마 아민 아메드는 "우리는 수많은 장애물을 극복해야 했다. 그것은 일종의 투쟁이었다. 군인이 될 수 있는 자유는 남성들이 베푼 호의가 아니라, 우리가 투쟁해서 얻어낸 것이다. 내가 미혼을 고집하는 이유도 여생을 전투에 바치기 위한 것"이라고 설명했다. 한편 아메드 라시드는 "여군은 소위 남성적인 표본을 모방하지 않는다. 여성 자신의 판단에 따라 무기를 들 뿐"이라고 강조했다.

쿠르드 여군, 쿠르드 여성의 극히 일부에 불과

여군에 대한 열망은 이라크 쿠르드 당국이 서구 언론에 교묘하게 연출하는 홍보 전략에 활용되고, 그 효과는 무시하기 어렵다. 여군의 존재는 연민을 유발하며, IS와의 전투에 있어 국외 원조를 보다 쉽게 유치할 수 있도록 한다. 그러나 쿠르드 여군들은 이라크 쿠르드 사회 내의 여성탄압이라는 주제를 꺼려했다. 우리의 인터뷰이들도 군대가 가부장적인 사회에서 여성해방의 통로가 될 것이라는 가설을 반박했다. 이들에 의하면, 쿠르드 여성들은 완전히 해방된 상태이므로 남성들과 동등해지기 위해 군인이 될 필요는 없다는 것이다. 그러나 이들, 자유롭고 애국심과 자긍심에 넘치는 쿠르드 여군들은 보편적인 쿠르드 여성의 모습이 아니다. 쿠르드 여성들 중 군인은 극소수에 불과하다. 1만9천 명으로 구성된 사단에서 106대대의 정원은 500~600명에 불과하다. 그리고 다른 대대에서 복무하는 여군이 몇십 명 더 있을 뿐이다.

여군을 위시한 홍보활동은 쿠르드 사회 내 많은 여성들의 대조적인 상황을 뒤덮고 있다. 술라이마니야에 거점을 두고 2000년부터 여성인권보호 활동을 해온 비정부기구NGO '아수다Asuda'의 카님 라티프 총재는 쿠르드 사회를 좀먹는 온갖 악습에 대해 말했다. 가장 심각한 문제는 '명예살인'의 존속이다. 인권운동가 아소 카말은 가부장적인 사회에서 '여체의 정조·순결과 연관된 가족의 명예'[2]라는 미명 하에, 1991년부터 2007년까지 1만2천 명 이상의 여성들이 KRG 영토 내에서 살해됐다고 추산했다. 또한 아수다는 분신자살이 계속 발생하는 사실에 깊은 우려를 표했다. 분신자살은 종종 가정 내 압박으로 인한 극단적인 비탄의 표현으로 일어난다. 또한, 가정 내에서 실제로 발생한 명예살인과 은폐된 자살 시도에 대해, 아직 신뢰할 수 있는 데이터를 얻기 어려운 상황이다. 그러나 아수다에서 집계한 건만 봐도, 2014년 술라이마니야에서 일어난 명예살인이 19건에 달했다.

쿠르드 여성들을 옥죄는 가부장제의 폭력

쿠르드의 젊은 여성들이 직면하는 또 다른 재앙은 조혼이다. 널리 퍼진 악습인 조혼은 가장 빈곤한 마을과 이주민 집단에서 두드러지게 증가하는 추세다. 이들에게 소녀를 결혼시키는 것은 뜻밖의 횡재에 속한다. 조혼의 주된 요인은 소녀들을 위한 교육기관이 부족하다는 데 있다. 라티프 총재는 "중학교가 없는 마을들이 있다. 이런 마을의 소녀들은 집에 처박혀 결혼을 기다리는 것밖에 할 수 있는 일이 없다"고 설명했다. 총재는 또한 소녀들의 할례를 언급했다. NGO '와디Wadi'의 보고서에 의하면, 14~18세 소녀 중 57%가 할례를 받는다.

그렇지만 KRG는 법적으로 주목할 만한 노력을 기울였으며, 그로 인해 다른 이라크 지역과 차별화된다. 2011년 쿠르드 국회는 가정폭력에 관한 '8번법'을 도입했다. 이 법은 가족 내에서 일어나는 신체적·정신적 폭력 및 조혼, 강제 결혼, 할례, 부부 성폭행, 교육 관련 성차별을 범죄로 인정했다. 또한 가정폭력사건을 전담하는 특수재판소를 설립해서 피해자의 보호 부양과 후속조치에 힘쓰고 있다.[3]

그러나 라티프 총재는 이 법이 상징적인 것에 불과하다는 한계를 지적했다. "법을 적용할 구체적수단 없이 법을 통과시키는 것은 터무니없는 일이다. 시스템 자체를 바꿔야 한다." 법적 조치를 마련하는 데는 시간이 걸리고, 아수다는 재정이 부족한 상황을 안타까워 한다. 사람들의 가치관을 지속적으로 변화시키려면 장기 투쟁이 필요하다. 이는 종교·부족 지도자들, 의사들, 경찰들, 가족들을 대상으로 한 각종 인식개선 캠페인의 경우에도 마찬가지다.

또한, 쿠르드 당국이 항상 재판의 투명성과 독립성을 보장하지 않는다는 점도 문제다. 폭력행위의 원인이 피해자의 행실이라는 식으로 '정당화'되는 경우, 대부분의 폭력 가해자들은 경미한 제재를 받거나, 아무 처벌도 받지 않기도 한다. 이는 각종 보고서와 증언에서 입증된 사실이다. 게다가 극단적인 경우, 판사가 강간범에게 피해여성과 결혼해 그 여성의 명예를 회복시켜 주라고 권유하기도 한다.[4] 마지막으로, 부족들의 영향력이 여전히 강력한 것도 문제다. 부족들이 가해자인 부족 일원을 보호하기 위해, 재판과정에 개입해 피해자와 그 가족에게 재정적인 보상에 대한 대가로 입막음을 하는 일이 종종 발생한다.

그럼에도 여성들의 투쟁과 변화는 계속된다

그러나 도시에서는 상황이 점차 개선되고 있다. 2008년, 술라이마니야에서 '명예화형'을 당한 여성의 수는 외곽지역이 도시의 2.5배였다.[5] 또한 폭력 사건과 여성할례도 감소하는 추세다.[6] 지얀Zhiyan 같은 단체는 사람들의 인식 개선을 위한 다양한 캠페인을 벌이고 있다. 이 단체는 30여 개의 여성단체 및 인권단체로 구성된 NGO 네트워크에 기반을 두고 정부에 계속 압력을 가하고 있다. 특히 14세에 두 번이나 결혼한 후 여러 명의 부인을 둔 남편에게 고문당하고 살해된 두니야의 사건에서 공조가 두드러졌다.[7] 부족의 비호를 받던 살인범은 유튜브에 올린 영상에서 자기 행위의 정당성을 주장했다. 두니야가 또래의 소년과 사랑에 빠지면서 자신의 명예가 실추된 점을 내세웠던 것이다. 이에 지야과 여성주의 단체들은 국회 앞에서 수차례의 시위와 연좌시위를 조직했다. 이들은 부족의 개입 없이 법을 엄중히 적용하고, 두니야의 가족과 고위직 종교인사를 포함해 여아의 결혼에 개입한 모든 당사자들에 대한 재판을 진행할 것을 요구했다. 이 사건은 KRG 영토 내 법적 장치의 도입이 실패했다는 사실을 보여주는 한편, 여성인권 투쟁이 단호하고 강경하게 진행되는 사회의 일면을 보여주기도 한다.

이런 끈질긴 노력은 보상받기도 했다. 2000년 아수다는 명예살인의 위협을 받는 여성들을 위해 첫 번째 피난처를 설립했다. 이런 피난처는 쿠르드 지역의 3개 주州에 존재한다. 2007년, KRG는 데이터와 통계를 수집하고, 폭력의 가시성을 확보하기 위한 전담 행정기관을 내무부에 설치했다. 그로부터 2년 후 여성고등심의회가 발족됐다. 여성인권운동가들로 구성됐으며, 총리가 주재하는 여성고등심의회는 NGO 및 정부기관들과 긴밀한 관계를 맺고 있다. 이제 쿠르드 의회의 여성의원 할당 비율은

30%에 이른다. 라티프 총재는 "쿠르드 지역은 다른 지역에 비하면 상황이 양호한 편이다. 그러나 우리의 목표는 그 이상이다. 이 정도로는 충분하지 않다"라고 결론을 내렸다.

술라이마니야대를 졸업한 22세의 레진[8]은 자유로운 삶에 대한 열망을 드러낸다. "나는 가정도, 요리를 해줘야 하는 아이와 남편도 원치 않는다. 결혼 전과 후의 삶은 완전히 다르다. 결혼 후에는 모든 의무를 짊어져야 한다. 과연 사랑이 그런 것일까? 상대방은 당신에게 아무 것도 해주지 않는데, 당신은 그의 모든 욕망에 순응하는 것?" 레진은 가부장적인 사회에 분노했다. 특히 이에 순응하고 현상 유지에 일조하는 여성들에게 격분했다. 가족과 문제를 일으켰던 적은 아직 없지만, 레진은 모두가 자신의 관점에 동의하지는 않는다는 것을 알기 때문에 조용히 지내는 편을 선호한다. "몇몇 친한 친구들이 내게 반대의사를 비쳤지만, 나는 그들에게 이의를 제기하고 싶다. 나는 여행도 하고 싶고, 고등교육도 받고 싶으며, 더 강하고 자유롭고 싶다. 그러나 나는 쿠르디스탄으로 돌아가, 이런 가치관으로도 얼마든지 우리나라에서 살 수 있다는 것을 입증하고 싶다."

한편 레진은 헬리 러브에 대해 회의적인 반응을 보였다. "헬리 러브는 서구사회에서 자랐기 때문에, 우리와는 달리 모든 것이 훨씬 쉬웠다. 투쟁할 필요도 없는 상황이었다." 레진은 자기 신조에 따라, 식당에서 여성에게 할당된 좌석에 앉기를 거부한다. 그리고 쿠르드 언어에 존재하는 감사표현이 오로지 가족의 남성 일원만을 대상으로 한다는 점에 분노했다. 이라크 쿠르드 지역에는 오늘도 레진과 같은 묵묵한 여성투쟁가들이 살아가고 있다.

글   나다 모쿠랑 | 언론인

레바논, 이라크 내 소수민족과 여성문제에 관심이 많아 〈르몽드 디플로마티크〉에 비정기적으로 이에 관해 글을 쓰고 있다. 런던대 SOAS(아시아 중동 아프리카 지역학 단과대학)에서 아랍문제를 전공했다.

---

1   Vicken Cheterian, '쿠르드인을 위한 역사적인 기회(Chance historique pour les Kurdes)', Allan Kaval; 'Les Kurdes, combien de divisions?', 〈르몽드 디플로마티크〉, 각각 2013년 5월, 2014년 11월 기사 참조
2   'Iraq: Kurdish government promises more action on honour killings〉, Réseaux d'information régionaux intégrés (IRIN)', 〈Bureau de la coordination des affaires humanitaires (OCHA) des Nations unies〉, Nairobi, 2010년 11월 27일.
3   'Combating Domestic Violence Law No. 8 of 2011', www.ekrg.org
4   'Working together to address violence against women and girls in Iraqi Kurdistan', 〈International Rescue Committee〉, New York, 2012년 8월.
5   Nazand Begikhani, Aisha Gill, Gill Hague, Kawther Ibraheem, 〈Honourbased violence (HBV) and honour-based killings in Iraqi Kurdistan and in the Kurdish diaspora in the UK〉, Roehampton University (United Kingdom), 2010년 11월.
6   〈Significant decrease of female genital mutilation (FGM) in Iraqi-Kurdistan, new survey data shows〉, Wadi, Francfort, 2013년 10월 20일.
7   'Kurdish Teenager's "honor killing" fades to memory as Iraq violence swells', 〈Huffington Post〉, 2014년 7월 17일.
8   가명으로 처리했음.

이란 여성들의 화려한 변화는 어디까지

글 플로랑스 보제 | 〈르몽드〉기자

이란이 핵확산방지조약을 준수함에 따라, 서서히 이란의 경제 제재도 풀리고 있다. 교역 개방과 그에 따른 정치적 파급 효과는 여성들의 삶에도 영향을 미치고 있다. 차츰 사회적 입지가 커지고 있는 이란여성들은 이런 변화의 상황을 예의주시하면서 앞으로의 향방에 대한 고민을 이어간다.

십대 소녀 한 무리가 웃으며 전철에 올라선다. 빈 좌석이 안 보이자, 이들은 스스럼없이 바닥에 주저앉는다. 전철이 덜컹거릴 때마다 소녀들의 히잡이 어깨 위로 흘러내리면서 머리카락이 드러났다. 하지만 개의치 않는다. 이 칸에는 여성승객 밖에 없기 때문이다. 1990년대 말부터 운행에 들어간 테헤란 지하철은 열차의 맨 앞 칸과 끝 칸이 여성 전용 칸으로 배정돼 있다. 여성들은 '마음 편히' 지하철을 이용하기 위해 이 칸에 탄다고 했다. 때문에 열차 안의 분위기는 상당히 편안했다. 그 외 다른 칸들은 남녀 공용이었는데, 젊은 연인들이 손을 잡고 있더라도 별 문제가 되지 않았다. 깨끗한 현대식의 테헤란 전철은 교통체증과 대기오염을 피할 수 있는 유일한 교통수단이다. 5개 노선이 운행되고 있으며, 차창 밖으로 스쳐 지나가는 역명은 이란-이라크 전쟁(1980~1988) 당시 '순교자'들의 이름을 딴 것이다. 거의 50만 명의 사망자를 낸 이 전쟁이 끝난 지도 30년이 지났지만, 이란 정권은 여전히 그 때의 기억을 되살리려 애썼다. 전철 안에서는 양분된 이란의 단면이 잘 드러났다. 한 쪽에는 강렬한 색상의 옷을 잘 차려입은 멋쟁이들이 모여 있는 반면, 대단히 수수한 옷차림을 한 사람들도 보인다. 전체적으로 보면, 관공서 풍의 검은색 차도르를 걸친 여성이 다섯, 색상이 화려한 히잡을 쓴 여성이 둘. 그러나 눈만 드러낸 채 얼굴을 완전히 가리는 니캅이나 눈을 포함한 신체 모든 부분을 가리는 부르카 차림의 여성은 보이지 않았다. 이어 뜻밖의 장면이 펼쳐졌다. 전철 안에서 브래지어나 팬티, 핸드백을 들고 다니며 파는 상인들이 나타났던 것이다.

이란 경제제재 해제 이후 변화된 모습들

1979년 왕정을 무너뜨리고 이슬람 원리주의에 입각한 공화국을 세웠던 이란혁명이 일어난 지 40년 가까이 흘렀다. 현재 여성에게 법적으로 부여된 권한은 남성의 권리보다는 적지만 이란 내에서 여성의 역할은 꽤 큰 편이다. 고위 행정직으로의 진출은 여전히 막혀있지만, 그 외 다른 모든 영역에서는 여성의 지위가 부상하고 있다. 코란의 내용을 엄밀히 해석하면 여성은 그 자체로 독립된 존재가 될 수 없다. 그리고 설혹 시아파 최고위 성직자인 아야톨라의 자리에 올라도 경전을 해석할 권리는 없다. 하지만 건축가나 기업가, 장관이 될 권리는 있다. 이란 의회에는 비록 모두 보수파이긴 하나, 총 9명의 여성 의원이 있다. 2015년에는 마르지에 아프함이 말레이시아 쿠알라룸푸르에서 최초의 해외 주재 이란 대사로 임명됐다. 물론 이 모든 것은 쉽게 얻어진 것이 아니다. 여성들이 권리를 인정받으려면 힘겨운 투쟁이 필요하다. 특히 이란은 모든 분야에서 여성이 차별을 겪고 있는 나라다. 결혼이나 여행, 취업은 물론 은행계좌 개설이나 재산상속에 있어서도 여성은 편파적인 법 적용을 받으며, 모든 것은 가장의 뜻에 달려 있다. 가령 이혼할 때도 여성은 남성과 달리 판사 앞에서 일일이 이혼 사유와 동기를 밝혀야 하고, 판사의 허가가 떨어질 때까지 기다려야 한다. 자녀 또한 남아는 만 2세, 여아는 만 7세까지만 어머니와 함께 지낼 수 있다. 이후에는 아버지가 자녀들의 양육을 거부하지 않는 한, 아이들에 대한 모든 양육권이 아버지에게로 귀속된다. 친권 소유자도 아버지이며, 아이들이 어머니와 함께 살아도 친권은 아버지가 가진다.

정치사회학 여교수 아자데흐 키안의 말을 빌리자면, 이란에서 "법적으로는 남자가 왕이다". 여성노동과 관련한 통계수치도 상당히 저평가돼있다. 전체 여성의 14%만이 일을 하는 것으로 집계된다. 하지만 여성의 약 20~30%가 농업 분야나 불법노동 시장에서 고정적으로 경제활동에 참여하고 있다. 또한, 노동 시장 진입에 대한 여성들의 요구는 점점 빠른 속도로 높아지고 있다. 전체 대학생의 60%가 여성이다. 인류학자 아미르 닉페이는 "어려운 상황 속에서 학사와 석사 학위를 받은 여성들이 곧 박사 학위도 받게 될 것"이라고 전망하며, 현재 이란사회에서 여성들의 지위가 대략 1940~50년대 프랑스 여성들과 비슷하다고 말했다. 공공부문 도처에서 활동을 하고 있지만, 일부 예외적인 경우를 제외하면 실질적인 영향력을 행사하지는 못한다. 대개는 최하위 경제 부문에 종사하고 있는 현실이다. 그러나 여성들은 계속 새로운 고지를 점령해 가고 있다. 아자데흐 키안은 "여성 엔지니어를 가장 많이 배출하는 나라가 바로 이란"이라고 강조하며, 2014년 수학계의 노벨상인 필즈 메달을 수상한 인물도 이란여성 마리암 미르자카니라는 점을 상기시켰다. 경제학자 티에리 코빌은 다음과 같이 설명했다. "발루치스탄을 비롯해 수니파 강성인 이란 남부 지방에서는, 보다 남성우월적인 아랍문화가 주를 이룬다(참고로 이란은 전체 국민의 90%가 시아파다). 이곳에서는 일부다처제인 경우도 많다. 하지만 이란의 그 외 지역은 대부분 일부일처제다. 이렇듯 남성 우월주의가 강한 지역에서도 여성의 역할이 더욱 커지고 있다. 이는 사회 전체적인 변화 양상으로 봐도 무방하다."

키안도 "이란에서 가장 두드러진 변화는 독립을 앞당길 수 있는 수단으로서 교육의 중요성에 대한 인식이 높아지고 있는 점"이라고 지적했다. 흔히들 간과하는 여학생 취학률은 분명 1979년 이란혁명의 주요성과 중 하나다. "역설적이게도 전통적인 가정에서조차 여학생의 취학을 용인했다. 그 이유는 이제 '이란 이슬람 공화국'이 됐기 때문이었다. 낙후된 지역에서 조차 사람들은 내게 '아야톨라 호메이니가 여성을 전선에 내보내고 소녀들을 학교에 보냈듯, 나도 그렇게 할 것'이라고 말했다." 테헤란 대학에서 강의하는 종교 사회학자 사라 샤리아티의 설명이다.

여성들의 높은 취학률은 우선 여성의 결혼연령을 늦춘다. 출산율 또한 줄어, 여성 1명 당 평균 2명 밖에 낳지 않는다. 이란혁명 초기, 출산 장려책이 두드러졌던 시기에 여성 1명 당 7명의 자녀를 낳았던 것과는 대조적이다. 정부에서는 7,800만 인구보다 1억 인구가 바람직하다는 말을 수시로 흘리지만, 여성들은 이를 귀담아 듣지 않는 듯하다. 여성지 〈자난 엠루즈〉의 편집장 샤흘라 셰르카트는 농담처럼 말했다. "아마디네자드[1] 집권 시절에도 우리는 후퇴하지 않았다. 우리는 한밤중에 헤드라이트도 켜지 않은 채 달리는 자동차처럼 계속 나아갔다." 이 여성지는 동거라는 '핫'한 이슈를 게재했다가 6개월 간 발행 중지를 당했다. 현재 테헤란에서 동거 중인 커플은 수만에 이를 것으로 추정된다. 동거는 시아파 교리에서 허용하는 한시적 '계약결혼'과 다소 차이가 있다. 쌍방의 합의 하에 한시적으로 이뤄지는 계약결혼의 경우, 계약기간을 1시간에서 99년까지 임의로 정할 수 있어 성매매로 악용될 소지가 있다. 따라서 세간의 인식도 좋지 않고 실제로 많이 행해지지도 않는다. 샤흘라 셰르카트는 "우리가 낸 기사에서는 모든 가치 판단을 배제했으며, 우리는 결코 동거를 부추기지 않았다. 외려 우리는 기사에서 동거의 위험성을 경고했다"며 항변했다. 하지만 보수 진영에서 이의를 제기하자 이 잡지는 결국 제재를 받는다.

그 무엇도 이란여성들을 막을 순 없다

법정에 소환된 샤흘라 셰르카트는 페미니스트라는 '오명'에서 벗어날 수 없었다. 이란에서 페미니스트는 일종의 모욕으로 간주된다. 셰르카트는 잡지의 기사가 이란 사회의 "현실을 반영했을 뿐"이라는 변론을 펼쳤지만 소용없었다. 셰르카트는 "여성들이 자신의 권리를 내세우면 제도권 기관이나 남자들은 여자들이 어머니와 아내로서의 역할을 등한시하게 될 것이라고 생각한다"며 현재 이란의 문제점을 토로했다. '아트 업 맨'은 테헤란 시내에 있는 브런치 카페다. 테헤란 시내에는 젊은이들의 핫 플레이스가 상당히 많다. 한 법대 여학생이 담배를 꺼내 들며 말했다. "그런 곳에 가서 해방 본능을 마음껏 발산한다"는 것이다.

카페 안에서는 작은 테이블 앞에 둘러앉은 젊은 남녀들이 이야기를 주고받거나 스마트폰을 만지작거린다. 배경으로는 엘비스 프레슬리의 노래가 흘러나온다. 붉은 립스틱에 블랙 컬러 네일을 한 예가네 K.는 미생물학을 전공하는 여대생이다. 그녀는 현 정권은 "신뢰할 만하지 못하다. 일단 '이슬람 공화국'이라는 명칭부터 모든 것을 바꿔야 한다"고 소리 높여 주장했다. 예가네 K.는 2월 26일 총선에 대해서도 별 흥미를 느끼지 못했다. 그녀는 "다른 곳에서는 자신의 대표를 선택할 수 있지만 여기는 그렇지 않다. 늘 누군가가 나와서는 모든 통제권을 쥐고 우리를 지도하려 든다. 이곳은 북한이나 다름없다"며 불평을 토로했다. 그러자 다른 두 친구들이 펄쩍 뛰었다. 펑크 헤어스타일의 라힐 H.은 "절대 그렇지 않다. 정부의 감찰이 있긴 하지만, 이란 국민들은 자유롭게 살아간다. 발언의 자유와 복장의 자유는 다소 제재를 받지만 그 밖에는 하고 싶은 것을 하며 살고 있다"며 반박했다. 그러자 히잡에 선글라스를 고정시킨 소로쉬 T.가 끼어들며 말했다. "그런 금지 조치들이 그리 달갑지는 않다. 외출할 때면 부모님은 내게 조신하게 다니라고 말씀하신다. 사회제도에 동의해서가 아니라 늘 그렇게 살아오셨기 때문이다."

이 젊은 친구에게 있어 가장 거슬리는 것은 "이 나라에선 사람들의 일거수일투족을 다 지켜보고 있다"는 점이다. 히잡의 착용 여부는 이란여성들의 주된 관심사가 아니었다. 그들의 말에 따르면 히잡은 "그냥 쓰면 그만이다. 별 대수롭지 않은 일로 문제를 복잡하게 만들 필요는 없다"고 단언했다. 이들에게 더 큰 관심사는 실업, 인플레이션, 대학 입학 등의 문제였다. 예가네 K.는 매일같이 친구들과 술래잡기라도 하듯이 금지된 규정들을 어기는 재미를 만끽한다. 여름에는 다리와 발목이 다 드러나는 샌들을 신고, 손톱에는 짙은 색을 칠하고 돌아다닌다. 모두 엄격히 금지된 것들이다. 겨울에는 '사포르'란 두꺼운 스타킹을 신고 미니스커트를 입는다. 여기에 롱부츠까지 신으면, 부유한 젊은이들이 몰리는 테헤란 북부의 상업지구와 주요 교차로를 순찰하는 풍기 단속 경찰에게 붙들릴 위험이 크다. 예가네 K.는 웃음을 터뜨리며 말했다. "한 번은 경찰서에 끌려갔는데, 내 사진을 찍고 신원조회를 하더니 경고했다. 두 달 안에 또 걸리면 그때는 블랙리스트에 올라갈 줄 알라고." 그리고는 이 숨 막히는 곳에서 벗어나고 싶다면서, 기회만 닿는다면 유럽이나 미국으로 떠날 거라고 했다.

베나즈 샤피의 경우는 이란에 "남아서 행동"하기로 결심한다. 작고 가녀린 체구에 여성스러움이 물씬 풍기는 베나즈는 히잡을 쓰고 있었지만, 짙은 화장이 눈에 띄었다. 올해 26세인 그녀는 이란에서 최초로 전문 오토바이 레이싱 허가를 받은 여성이다. 이란에서 여성들은 남자들이 경기를 하는 축구 경기장에 참관도 하기 어렵지만, 베나즈는 예외다. 그녀는 테헤란 아자디 경기장에서 1천cc 오토바이로 훈련할 수 있는 권한이 있기 때문이다. 몇 년 전 가을, 밀라노에서 개최된 오토바이 국제 친선 대회에서 귀빈으로 참석했던 베나즈가 귀국하자, 한 보수 언론에서는 '세계를 홀린 베나즈'라는 타이틀을 내걸기도 했다. 하지만 그렇다고 달라질 게 없다는 것을 베나즈 자신도 알고 있다. 그녀가 남자들의 세계에서 남자처럼 오토바이를 모는 것을, 내일 당장 어느 보수 종교인이 나서서 중지하라고 요구할지 모른다.

다만 그 전까지 베나즈 샤피는 묵묵히 법적인 테두리 안에서 "여성들을 위한 길을 열 것"이다. 그녀는 "나는 이란여성임을 자랑스럽게 여긴다"고 덧붙였다. 테헤란 교외 지역 카라지에서 살고 있는 베나즈 샤피는 자기 동네에서도 오토바이를 몰고 다닐 수 있다. 그녀가 여자임을 알아챈 남자들은 경적을 울리며 반가워 하기도 하고, "집에 가서 세탁기나 돌리라"며 고함을 치기도 한다. 선거직전, 이 도시에서는 다소 무거운 분위기가 감돌았다. 이란의 최고 지도자는 거의 매일 저녁 TV에 나와 국민들에게 말했다. "서구의 문화에 물들지 않도록 조심하라"며 국민들에게 당부한 것이다. 아야톨라 하메네이 이란 최고 지도자는 "외국인과의 접촉을 피하라"고 조언했다.

핵 협상이 타결된 후에는 하메네이와 강경파 세력의 경계 수준이 더욱 높아졌다. 이는 제재가 풀리고 개방이 이뤄질 경우, 타국과의 접촉이 불가피함을 저들이 우려한다는 것을 보여준다. 몇 달 전, 아야톨라 아마드 자나티 혁명헌법수호위원회 위원장은 핵협상 타결로 인해 다른 요구사항에 물꼬를 터주면 안 된다고 경고했다. 88세의 완고한 아야톨라인 위원장은 "차제에 여성 문제 및 양성평등 문제가 제기되지 않게 주의하라"고 당부했다.

그러나 파리다 하쉬트루디는 앉아서 당할 여성이 아니다. 유명작가인 그녀는[1] "도발할 의도는 없지만, 내 생각 정도는 소리 높여 말하고 있다. 나도 이 땅의 미친 DNA를 갖고 있다"고 말했다. 초등학교 때부터 이주해 살아온 프랑스와, 고향인 이란을 오가며 활동하는 파리다 하쉬트루디는 정치를 단념하고 펜으로써 저항활동을 벌이기로 결심했다. 고향에 돌아갈 때마다 그녀는 이란여성들이 조금씩 영역을 넓혀가고 있음을 확인했다. 파리다 하쉬트루디는 "발루치스탄이라는 마을의 시의회는 남성만으로 구성돼 있었는데, 얼마 전 여성 시장이 탄생했다. 이런 사례는 이란 도처에서 나타난다"며 기뻐했다. 사람들의 반발 속에 2009년 아마디네자드[2]가 대통령으로 당선됐을 때 일어난 '녹색 운동'은 극심한 탄압의 대상이었다. 그렇다면 이런 탄압정책이 다수의 생각처럼 이란의 사회운동을 무력화시킨 것일까? 파리다 하쉬트루디는 고개를 젓는다. "여성들이 여전히 최전선에서 자리를 지키고 있다. 그리고 반발에 굴하지 않고 지금도 계속 싸우고 있다. 여성들은 결코 물러서지 않는다." 그녀는 이렇게 말하며 여성들 스스로 조직한 비정부기구가 각지에서 늘고 있다고 강조했다. 이에 따라 테헤란 교외에서도 거리의 부랑아 아이들이나 에이즈 환자를 위한 돌봄의 집이 생겨나고, 알코올 중독 환자 치료소도 마련됐다. 정부 동의하에 설립된 이 시설들은 하나의 전환점이 되고 있다. 이전에는 정부에서 에이즈나 알코올 중독 같은 문제들을 부인해왔던 것이다.

여성들의 투쟁이 계속되고는 있지만, 여성운동 조직이 탄탄하게 유지되는 것은 아니다. 개인사정으로 흔들리는 경우도 종종 생긴다. 일상에서 벗어나는 것에 대한 염려가 큰 이란여성들은 투쟁의 최전방에서 싸웠던 이들을 망각하는 경우가 많다. 시시각각 감시를 당하는 반체제 변호사 나스린 소투데나 영화감독 라흐샨 바니에테마드, '반체제 선전'을 했다는 이유로 8년형에 처해진 인권운동가 나르게스 모감마디 같은 인물들의 활약을 잊는 것이다. 마흔 살의 가정주부 파라는 "사람들은 우리가 행복하지 않은 이유를 설명 못한다"며 한숨을 내쉰다. "문제는 공기가 편치 않다는 것이다. 우리는 조국을 사랑하지만, 우리에게 필요한 것은 그저 편히 숨 쉴 공기뿐이다." 그녀의 아들이 다니는 엘모소나트 과학기술대학에서는 매일 확성기에서 쿠란의 경구와 교훈적 지침이 흘러나온다. 학생들은 전쟁 애도주간, 바씨드지(이란 정부 민병대) 애도주간, '학살' 애도주간 등 온갖 기념주간을 챙겨야 한다. 파라는 "거의 세뇌 수준이다. 지긋지긋하다"며 한숨을 내쉰다.

마부베 자비드 푸르의 경우, 끊임없는 애도의 분위기에 대한 불만은 없다. 푸르는 과거 아야톨라 호메이니가 창설한 '바씨드지' 대원이다. 문자 그대로 해석하면 바씨드지는 '저항운동 세력대원'을 말한다. 이 자원 부대는 혁명헌법수호위원들의 보충병 격에 해당된다. 그 수는 천만 명에 이를 것으로 추정되며, 바씨드지라는 이유만으로도 상당한 이점이 제공된다. 숙식이나 일자리에서의 특혜는 물론 대학입학 특혜까지 주어지기 때문이다. 국민들에게 이들은 두려움과 혐오의 대상이며, 상류층에게는 경멸의 대상이다. 테헤란의 이맘 레자 사원 관리국 직원인 푸르는 이동할 때 차도르를 단단히 여미고 돌아다닌다. 이 때문에 그녀는 원장수녀 이미지를 강하게 풍긴다. 54세의 이 여성은 세 아이의 엄마로서, 자신이 바씨드지라는 사실을 자랑스러워했다. 바씨드지로서 하는 일이 곧 이슬람의 율법을 적용하는 것이라고 생각하기 때문이다. 그녀는 이란의 핵협상 타결에 대해 불만은 없지만, 미국과 관련해서는 경계를 늦추지 않는다. 미국이 계속해서 암암리에 이란을 중상모략하는 공작을 펼칠 것이기 때문이다. 그녀는 감사의 마음을 담아 말했다.

"다행히 우리의 교육수준은 상당히 높아졌고, 미국의 공작에 저항할 수 있는 역량을 많이 축적했다. 게다가 최고 지도자께서 우리의 앞길을 밝혀주시고, 길을 열어주실 것이다."

아름다움에 대한 이란여성들의 강박관념

역설적이게도, 이란여성들의 현실부정은 높은 성형수술 빈도로 나타난다. 코, 입, 보조개, 쌍꺼풀 등 성형수술을 받으려는 여성들이 많기 때문이다. 대학 입학시험에 합격한 18세 소녀가 부모에게 입학선물로 코 성형수술을 받게 해달라는 일도 있다. 테헤란에서는 바비 인형 같은 얼굴, 화려하게 화장한 얼굴들이 히잡 위로 부각된다. 간혹 도를 넘어서는 경우도 눈에 띈다. 최근 여러 해에 걸쳐 사회의 전 계층에서 폭발적인 현상의 원인은 대체 무엇일까? 누구도 이에 대한 정확한 설명을 내놓지 못하고 있다. 머리카락과 신체를 감추게 하는 문화 속에서, 여성들의 얼굴에 대한 강박관념이 그런 식으로 표출되는 것일까? 이란의 성지인 쿰은 테헤란보다 숨쉬기가 한결 나은 편이다. 사막 한 가운데 있기 때문에 대기 오염은 없지만, 숨통이 막힐 듯한 여름 더위에 기후도 건조하다. 쿰은 테헤란 남서부로 150km 가량 떨어진 인구 1백만 명 규모의 도시다. 중요한 순례지이자 신학교육 중심지로, 5천 명의 여성들이 쿰에서 종교를 공부한다.

시아파의 8번째 이맘 레자의 누이 파테마 마수메가 묻힌 크고 근사한 영묘도 이곳에 있다. 건물의 파사드에는 아야톨라 호메이니를 나타내는 거대한 프레스코화가 몇 개 있어, 이란혁명의 선구자가 오랜 기간 쿰에 살았음을 알려준다. 이곳에서는 여성들 모두 예외 없이 차도르를 두른다. 여성들은 대개 스쿠터로 이동을 하는데, 운전은 남편이 하고 여성들은 남편 뒤에 붙어 앉아 간다. 밖에서 히잡을 착용하는 것은 기본이다. 신학교육을 받은 8만 명의 이 여성들은 이란 내에 신의 가르침을 전파한다. 가장 높은 수준의 신학교육을 받은 파리바 알라스반드는 가정 및 여성 연구소에서 남녀 학생들을 가르친다.

"이란여성들은 다른 아랍지역 여성들과 많이 다르다. 우리는 자유에 상당한 비중을 두며, 이는 이란 특유의 문화와 시아파 교리에 기인한다." 알라스반드는 히잡의 의무 착용에 대해서는 잠시 주저하는 모습을 보였다. 짐짓 순진한 척 던지는 질문들에 이미 익숙할 법도 한 알라스반드는 이렇게 대답했다. "코란의 한 경구에서는 '히잡을 착용하라'는 말이 나온다. 히잡은 여성들을 보호해준다. 우리가 이 이슬람의 규율 하나를 버리면, 이어 우리는 다른 규율들도 버리게 될 것이다." 60여 년간 한 가정의 보수적인 어머니로 살아온 그녀에게도, 종교학회 참석 차 유럽이나 미국에 다녀올 기회는 있었다. 그때마다 그녀는 "서구인들의 부정적인 시선"을 느끼고 다른 이란여성들처럼 마음 아파했다. 파리바 알라스반드는 이란여성들에 대한 왜곡된 이미지가 확산된 데에는 언론의 책임이 크다고 생각한다. 그녀가 제일 우려하는 바는 "최고 지도자가 원했건 국민들이 원했건" 상관없이 제재조치 해제로 인해 이란이 예속상태에 빠지지는 않을까하는 것이다. 파리바 알라스반드는 "서구권에서는 이란으로 유입해 들어오길 바라면서도 이란이 서구권으로 유입되는 것은 원치 않는다"며 유감을 표했다. 그녀의 바람은 이란이 자국의 특수성을 보존하는 것이다.

"우리의 종교는 우리에게 하나의 문화를 선사해줬고, 일정한 선도 그어줬다. 우리의 자유는 쿠란이 허용하는 범위 내에서 행사돼야 한다." 파리바 알라스반드보다는 젊지만, 원칙을 중시하는 자라 아민마지드 또한 이슬람법으로 학위를 받고 쿰에서 학생들을 가르친다. 자연스러운 미소 속에 매력이 풍겨 나오는 아민마지드는 "기독교와 이슬람 사이에는 공통점이 상당히 많다. 서방에서 이슬람과 이슬람 여성에 대해 부정적 인식을 가지고 있는 것이 안타깝다"고 말했다. 아민마지드의 가장 큰 고민은 무엇일까? 이란 사람들이 원하는 서구식 소비사회의 도래다. "제재가 풀리기를 기다리는 것보다는, 좀 더 열심히 일하는 편이 낫다"고 생각한다.

청바지에 킬힐을 신고 하늘하늘한 스카프를 한 사나즈 미나이는 대표적인 '성공한 여성'이다. 이란의 국제무대 복귀로 여러 가지 긍정적 효과가 기대되지만, 사나즈 미나이가 특히 기대하는 것이 있다. 바로 "이란의 이미지와 그 동안의 낮은 평가가 회복되는 것"이다. 그녀는 이란의 요리와 문화에 관한 도서를 20권 이상 펴냈으며, 접객 매너와 관련된 학교 'Culinary Club'을 열고 요리 전문지 가운데 판매 순위 톱을 달리는 〈사나즈사니아〉를 창간했다. 이란의 제재 조치 해제로 그에게는 무한한 가능성이 열렸다. 이에 사나즈 미나이는 이란을 '요리의 거점'이자, '패션과 유행의 거점'으로 만들고자 한다. 또 다른 성공한 여성, 파라나크 아스카리의 질주 또한 막을 수 없을 듯하다. 런던에서 성장하고 생활했던 그녀는 2013년 6월, 이란으로 오라는 하산 로하니 신임 대통령의 호소를 들었다. 그로부터 두 달 후, 파라나크 아스카리는 테헤란으로 돌아와 VIP 여행객과 사업가 대상의 서비스 업체 '투이란To Iran'을 세웠다. 이와 더불어 이란의 50개 도시에 관한 모든 정보를 총망라한 인터넷 사이트도 개설했다. 배낭여행 가이드북으로 유명한 '기드 뒤 루타르'의 온라인 버전 형태다. 이 사이트가 즉각적인 성공을 거뒀음은 물론이다. 2015년 7월 14일 이란 핵 협상이 타결된 이후 '투이란'은 매달 예약이 2배씩 늘어났다. 고객은 주로 유럽인들이었다. 아스카리에게 시급한 일은 금융제재가 풀리는 것이다. 이란에 대한 경제제재로 지난 몇 년간 금지돼 있던 이란 및 해외 국가 사이의 금융거래가 하루 빨리 재개돼야 하기 때문이다. '투이란'은 이란의 다른 기업들과 마찬가지로 모든 수입을 일단 두바이로 끌어모은다. "현금이 부족한 상황인데, 타개책은 현물교환밖에 없다. 언제까지 이렇게 할 수는 없고, 투자금을 유치해야 한다."

솔직한 성품으로 잘 알려진 샤힌도크흐트 몰라베르디는 거리낌 없이 서구권 기자들을 대한다. 하지만 최근에는 형식적인 인사만 나누고 있다. 현재 그 자리가 그리 편하지는 않기 때문이다. 로하니 대통령이 여성 및 가정 담당 부통령으로 임명한 몰라베르디는 40여 년 경력의 법률학자로, "의회에 보다 많은 여성들이 있어야 한다. 모든 권력계층에 여성들을 투입해야 한다"고 주장했다. 몰라베르디는 공공연히 눈에 띄는 주장을 펴지는 않는다. 상황을 보면 그럴 만도 하다. 총선은 다가오고, 경제제재 조치가 해제될 예정이며, 사우디아라비아와의 위기도 고조되고 있어 약간의 틈도 보일 수 없는 상황이다. 여성해방운동가 및 개혁파와 가까운 인물로 간주되는 몰라베르디에 대한 강경보수 진영의 반감은 꽤 높다.

오늘날 이란에서는 분명 여성이 주요쟁점으로 부상하고 있다. 한 익명의 대학 관계자는 "정부가 여성 세력을 두려워하고 있다. 현 정권에 있어 여성은 상당한 위협이다. 지금의 이란 정부는 여성들과 뭘 어떻게 할지 전혀 모른다. 이들과 어찌 싸울지, 끊임없이 새로운 물꼬를 트는 여성들을 막을 방법을 전혀 알지 못한다." 히잡 착용과 관련한 문제는, 그 자체로서는 별 심각한 문제가 아닐지 몰라도, 이런 현재 상황을 잘 보여준다. 쿰의 신학자들이 말하듯이 "이걸 내려놓으면 나머지도 내려놓고 말 것"이기 때문이다.

글　플로랑스 보제 | 〈르몽드〉기자
정신의학자와 저널리스트를 넘나들다가 2000년 〈르몽드〉에 정식으로 입사, 11년간 튀니지 등 마그레브 지역을 취재한 후, 최근에는 개발 도상국가들의 문제를 주로 다루고 있다.

1　주요 저서로 〈피의 연안, 이란Iran, Les rives du sang〉(Seuil, Paris, 2001) 및 〈이란으로의 귀국A mon retour d'Iran〉(Seuil, 2008) 등이 있다.
2　마무드 아마디네자드Mahmoud Ahmadinejad, 2005-2013 이란 이슬람 공화국 대통령

진군하는 아마존 여성들

글 라미아 우알랄로 | 언론인

남미 국가에서는 몇 년 전부터 여성 정치 지도자가 집권하는 사례가 점차 늘고 있다. 최고위직 여성 정치인이 등장함에 따라 이제 남미 여성의 삶이 조금이나마 개선되지 않을까하는 기대감이 높아지고 있다. 과연 여권 신장에 가속도가 붙을까?

2001년 3월 9일, 콜롬비아의 안타나스 모쿠스 보고타 시장이 전통적 남성우월주의 문화에 독특한 해법을 내놓았다. 저녁 7시 30분부터 새벽 1시까지는 보고타 시내를 여성만 통행하게 한 것이다. 모쿠스 시장은 형평성 차원에서 그 다음 주간에는 똑같은 시간대에 도시를 온통 남자들만을 위한 축제에 할애했다. 한쪽엔 여성, 한쪽엔 남성이라니? 그런데 남녀평등이 이와는 전혀 다른 방식으로 발전하는 경우도 있다. 이를테면 정치 부문이 그렇다. 게다가 이런 변화에는 남미 여성 대부분이 불만을 표시하지 않는다.

몇 년 사이 4명의 여성이 대통령에

그동안 남미에서는 4명의 여성이 대통령에 올랐다. 2007년 크리스티나 페르난데스 데 키르치네르가 아르헨티나 대통령에 선출됐다. 당시 많은 전문가들은 그녀를 이사벨리타 마르티네스 데 페론(1974년 세계 최초의 여성 대통령으로 선출)에 비유했다. 두 여성은 무엇보다 '누군가의 여자'로 유명했으니까. 크리스티나는 네스토르 키르치네르 전 대통령(2003~2007)의 부인, 이사벨리타는 후안 도밍고 페론 전 대통령(1946~1955, 1973~1974)의 부인이 아니던가. 그러나 그로부터 4년 후, 더 이상 아무도 감히 크리스티나를 이사벨리타와 비교하지 않는다. 크리스티나는 당당히 남미국가 최초로 재선에 성공한 여성 대통령으로 자리매김했다. 그것도 1차 투표에서 무려 54%라는 높은 득표율을 올렸다. 이제 아르헨티나에서는 1기집권기 때처럼 그녀를 '크리스티나 키르치네르'라고 부르는 사람은 찾아볼 수 없다. 대신 미혼일 때의 성을 붙인 '크리스티나 페르난데스'라 부른다.

여성이 남편의 후광 없이 자립할 수 있게 된 나라는 아르헨티나만이 아니다. 칠레에서도 이혼 후 혼자 세 자녀를 키워낸 정치 망명객 출신 미첼레 바첼레트가 2006년 초 사회당 출신 리카르도 라고스의 뒤를 이어 대통령에 선출됐다. 칠레는 이혼이 제도화된 지 얼마 안 되는 만큼 바첼레트의 당선은 더욱 의미가 깊었다. 브라질에서는 또 다른 이혼녀 지우마 호세프가 2010년 10

월 집권에 성공했다. 그녀는 1960~70년대 독재정권 시절 좌파 게릴라 조직원으로 활동했었다.

그후 2010년, 코스타리카 국민은 전통적인 마초(성차별주의) 문화 때문에 라우라 친치야(중도좌파)가 대통령이 되지 못할 이유는 전혀 없다는 사실을 깨달았다.

이처럼 여성에 대한 인식이 변화하면서 긍정적 차별Positive Discrimination에 입각한 제도가 도입되고 있다. 아르헨티나는 이 부분에서 단연 선구자다. 1991년 아르헨티나는 여성 의원의 비율을 최소 30%로 규정하는 '여성할당제'를 채택했다. 오늘날 전체 의원 중 여성 비율이 38%로 늘어나면서, 아르헨티나는 여성의 입법권 참여가 가장 활발한 세계 12개국에 꼽히는 영광을 누리고 있다. 이후 다른 11개국(볼리비아·브라질·코스타리카·에콰도르·온두라스·멕시코·파나마·파라과이·페루·도미니카공화국·우루과이)도 아르헨티나의 뒤를 따랐다.

칠레 산티아고시 소재 '칠레21' 재단 이사장 마리아 데 로스안젤레스는 "칠레에서 미첼레 바첼레트 같은 여성이 대통령에 당선될 수 있었던 이유는 흔히 여성이 비교적 청렴한 정치인이라는 이미지를 누리는 덕분"이라고 설명했다. 예전만 해도 여성은 권력의 중심부에서 소외된 탓에 각종 횡령사건에 연루되는 일이 비교적 드물었다(여성의 정치 참여가 늘어나면서 이런 현상도 사라지고 있다). 하지만 바첼레트 대통령이 주도한 남녀동수제는 그녀가 물러난 뒤 계속 존속하지 못했다. 바첼레트 1기정부 때는 장관의 절반이 여성이었다. 하지만 바첼레트의 뒤를 이어 대통령에 오른 우파 성향의 세바스티안 피녜라 내각에서는 여성 비율이 18%로 추락했다.

공직 여성할당제 도입 잇따라

행정부가 좋은 의지를 지녔다고 해서 반드시 남녀평등이 실현되는 것은 아니다. 지우마 호세프는 브라질리아 플라나토 대통령궁에 처음 입성할 당시, 여권 신장에 힘쓰겠다는 포부를 밝혔다. 하지만 언론은 호세프 정부를 '하이힐공화국'으로 몰아세우며 조롱했다. 결국 호세프는 각 정부부처 수장의 24%, 이른바 '두 번째 고위직'으로 불리는 정부와 공기업 주요 자리의 21%만 간신히 여성으로 채울 수 있었다. 공직 임명에는 연정 정당들의 입김이 강하게 작용했다. 노동자당PT을 제외한 대다수 정당은 '긍정적 차별' 정책에 그다지 호의적이지 않았다. 미주개발은행BID이 실시한 한 연구조사에 따르면, 2009년 남미 국가에서 여성은 정당 대표 및 사무총장직의 16%, 집행위원회 임원직의 19%만 차지하는 것으로 나타났다.

베네수엘라는 지난 10여 년간 우고 차베스 대통령이 표방한 참여정부 시스템에서 여성의 정치 참여가 다른 나라보다 활발했다. 마르가리타 로페스 마야(그녀는 2010년 야당인 '파트리아 파라 토도스'당 후보로 총선에 출마했다) 카라카스 베네수엘라중앙대 사회학과 교수는 '상투적 발언'이라는 비난을 감수하면서 다음과 같이 지적했다. "예나 지금이나 권력 요직은 전부 남성이 독식하고 있다. 여성은 주로 실질적 문제에 더 신경을 쓰지, 정치게임에는 그다지 관심이 없다." 물론 각 부처 수장에 오른 3명의 여성이 있다. 하지만 "모두 차베스 대통령의 충신에, 여성 유권자 표를 의식해 임명된 인물에 불과하다"고 마야 교수는 말했다.

그렇다면 높은 자리에 오른 여성은 여권 신장에 더 관심이 많을까? 마리아 플로레즈 에스트라다 피멘텔 코스타리카대학 사회학과 교수는 "반드시 그런 것은 아니다"라고 지적했다. "높은 자리에 오른 여성은 전통적인 사회 질서와 충돌한다. 이들 여성이 진보적 노선을 취한다는 말은 아니다. 중남미의 여성 대통령들은 과거에서 현재에 이르기까지 한결같이 보수주의적 태도로 일관해왔다. 경제문제뿐 아니라 사회문제에서도 늘 보수적이었다. 낙태권 등 여성과 직접 관련된 문제라고 사정이 별반 다르지 않다." 이미 임신중절이 합법화된 쿠바나 지방의회에서 낙태 합법화 법안이 통과된 멕시코시를 제외하면, 대부분의 중미 국가에서는 낙태를 금지하고 있다. 다만, 강간에 의한 임신이나 산모의 생명이 위험한 경우만 예외다.

2010년 10월, 브라질 여성 인권운동가들은 낙태문제가 대선전에서 뜨거운 논란거리가 되는 뜻밖의 복병을 만났다. 그들의 뇌리에는 당시 인터넷에 떠돌던 죽은 태아의 모습이 담긴 동영상이 아직도 생생하게 남아 있다. 수백만 번 조회된 이 동영상에서 복음주의 목사는 호세프 낙선을 호소했다. 호세프가 몇 해 전 낙태라는 범죄행위를 합법화하는 데 찬성한 게 이유였다. 상대 후보인 노동자당PT의 호세 세라는 그동안 사회문제에 진보적 입장을 취해왔지만, 이번만큼은 낙태 논란을 대선 판도를 뒤집을 절호의 기회로 여겼다. 세라 후보는 유세 현장에 성경을 들고 나타나기 시작했다. 그의 아내도 서민 거주지역을 방문해 '어린 생명을 죽이려는 자'들을 비난하고 다녔다. 일간 〈폴라 지 상파울루〉가 폭로한 바에 따르면, 그녀도 1970년대에 낙태 시술을 받았지만 그런 사실은 전혀 개의치 않았다. 2차 투표를 목전에 두고 꼼짝없이 궁지에 몰린 호세프는 결국 '임신중절 합법화 법안을 의회에 회부하지 않겠다'는 공문에 서명했다.

불법시술이 여성들을 죽이고 있다

불법시술로 인한 현실적 문제는 참담하다. 브라질에서는 불법시술을 받는 산모의 수는 매년 80만이 넘는다. 게다가, 불법시술로 인해 약 25만 명의 여성이 감염이나 자궁천공 등의 부작용으로 고통받고 있으며, 10만 명 중 65명이 불법낙태의 부작용으로 사망했다. 이는 심각한 공공보건 문제로 떠올랐다.[1] 마리아 루이자 헤일보른 리우데자네이루주립대 남미성인권센터CLAM 연구원은 "차라리 20년 전이었다면 낙태 논쟁이 진전되기가 더 쉬웠을 것"이라고 말했다.

호세프의 서면 약속을 받아낸 교계는 사실상 낙태 합법화 논의가 더는 없을 것이라는 확신을 갖게 됐다. 최근 선거를 통해 기독교 의원이 2배로 증가한 의회에서는 이미 합법적 낙태 기준을 강화하거나, 심지어 강간에 의한 임신이나 산모 생명이 위태로운 경우에 한해 허락하던 낙태마저 모두 금지하자는 내용의 법안이 무려 30개 이상 계류 중이다. 헤일보른 연구원은 "물론 이 법안들이 통과될 가능성은 희박하지만, 그래도 이것이 좀 더 진보적인 낙태 논의에 걸림돌이 되고 있다"며 안타까워했다. 게다가 낙태 논의가 더욱 어려워지는 것이, "이제는 보수주의자마저 태아의 구원자임을 자처하는 이유로 가정이나 도덕적 가치가 아닌, 인권과 같은 좀 더 현대적인 명분을 내세우고 있다"고 말했다.

낙태문제 역공 맞아 퇴행하기도

헤일보른 연구원은 "너무 위선적이다. 경제적 여유가 있는 여성은 별 문제 없이 불법 낙태시술을 받는다. 개인병원도 굳이 불법시술을 비밀에 부치지 않는다. 심지어 돈으로 매수한 경찰의 보호를 받기도 한다"고 지적했다. 브라질리아대학이 2010년 발표한 한 연구조사에 따르면, 브라질 여성 중 낙태시술을 받은 경험이 있는 여성은 1/5에 달했다.[2] '선택할 권리에 관한 가톨릭협회' 대표인 마리아 호세 로사도는 "현실이 이런데도 브라질 사회는 감히 낙태에 대한 권리는 입도 뻥긋하지 못한다. 심지어 낙태시술을 받은 여성마저 자신은 예외 경우라며 낙태에 반대할 정도"라고 말했다.

중남미 국가 가운데 니카라과가 유일하게 낙태문제에서 퇴행했다. 2006년 가톨릭 지도부는 당시 재선을 위한 지지기반을 찾던 다니엘 오르테가사아베드라와 협약을 맺으며 세력 과시에 나섰다. 산디니스타민족해방전선(니카라과 반미·반독재 무장혁명단체) 출신의 오르테가사아베드라는 재선에 성공하자마자 곧바로 성폭행 희생 여성에 한해 임신중절을 허용하던 기존 낙태법안을 개정했다. 이유를 막론하고 낙태를 전면 금지했다. 아이러니하게도 헌법재판소에서 비교적 개방적인 판결을 내린 국가는, 강경 보수주의자 알바로 우리베 전 대통령(2002~2010)이 집권한 콜롬비아다. 헌법재판소는 낙태가 허용되는 '건강상의 사유'를 심리적 이유까지 좀 더 확대했다. 반면 베네수엘라에서는 차베스가 집권한 이후 수많은 낙태 법안이 의회에 회부됐지만, 좀처럼 낙태 합법화에 진전을 보지 못했다. 종교계와 군부가 연합해 반발하는데다, 차베스 대통령마저 반기를 들기 때문이다. 2008년 4월 26일 차베스 대통령은 "다른 많은 나라들이 낙태를 허용한다. 하지만 나는 보수주의자라는 비난을 받는다 해도 결코 낙태에 찬성할 수 없다. 아기가 장애를 안고 태어났다면, 더 많이 사랑해주면 되는 일이다"라고 말했다. 하지만 최근 베네수엘라에서는 청소년 임신이 증가하면서 낙태 논쟁이 뜨겁게 달아오르고 있다. 베네수엘라 육아학회에 따르면, 2009년 태어난 신생아의 20%는 10~18세의 어린 산모가 낳은 아기다.

우루과이에서는 중도좌파 정부의 타바레 바스케스 대통령(2005~2010)이 의회에서 통과된 임신중절 합법화 법안에 거부권을 행사한 바 있다. 하지만 상원이 법안을 재상정하면서 법안 통과의 기대감을 높였다. 국민의 63%가 법안 통과에 찬성하는데다, 2010년 취임한 호세 무히카 대통령도 반대하지 않겠다는 뜻을 밝혔다. 매년 50만 건의 불법낙태가 자행되는 에콰도르·볼리비아·아르헨티나 등의 국가들에서 낙태 합법화를 둘러싼 논의가 지속됐다. 페르난데스의 개인적 반대에도 불구하고, 아르헨티나 입법위원회는 낙태 논의를 재개했다. 이에 따라 임신중절 허가기준 완화에 관한 법안이 심의에 올랐으며, 마침내 2012년 호세 무히카 대통령은 낙태를 허용하는 법안을 통과시켰다. 사회학자 마리오 페셰니는 아르헨티나 의회에서 통과된 동성혼 합법화 법안이 매우 고무적인 전례로 작용한 것이라 평가했다(이후 2013년에 우루과이에서도 역시 동성결혼을 허용하는 법안이 통과됐다).

남미 여성을 위협하는 가장 큰 문제는 역시 폭력이다. 플로렌스 에스트라다 피멘텔 교수는 "중미와 멕시코 등지를 중심으로 페미니사이드Feminicide, 즉 여성이라는 이유로 여성을 학살하는 범죄가 급격히 증가한다"고 지적했다. 여성학살의 선두주자는 단연 엘살바도르다. 엘살바도르에서는 여성학살 사망자가 10만 명당 무려 13.9명에 달한다. 과테말라의 여성학살률은 9.8명에 이른다. 치와와(20여 년 전부터 체계적으로 여성학살이 자행되는 시우다드후아레스시가 이 주에 속한다)[3], 바하칼리포르니아, 게레로 등의 멕시코 주에서는 2005~2009년 여성학살률이 3배로 뛰어 10만 명당 11.1명에 이른다. 이렇게 여성학살이 증가하는 근저에는 정부와 마약밀매조직 간의 전쟁이 자리하고 있다.

정부와 마약밀매조직 간의 폭력이 일상화되면서 부부간 폭력 역시 자연스런 현상이 돼버린 것이다. 파트실리 톨레도 칠레대학 법학과 교수는 "마약이나 조직범죄와의 전쟁은 특히 여성에게 영향을 끼친다. 흔히 전쟁이 그렇듯, 강간은 무장단체 내 결속력을 높이거나 남성성을 확인하는 도구이자 적을 도발하는 행위다"라고 분석했다.[4]

일상의 폭력, 줄지 않는 여성학살

멕시코에서는 연방법 위반(특히 마약밀매)으로 수감된 여성이 2007년 이후 무려 400% 가까이 증가했다.[5] 마약밀매조직 두목

이 수입원을 다각화하기 위해 성매매나 여성 인신매매망 구축에까지 손을 뻗치면서 문제가 더욱 심각해지고 있다. 국제이민국에 따르면, 남미에서는 매년 160억 달러에 달하는 시장을 형성하고 있다. 그래서 미성년자를 포함한 수천 명의 여성이 인신매매에 희생되는 실정이다.[6]

헤일보른 연구원에 따르면, 비록 'LGBT(레즈비언·게이·양성애·성전환자)' 운동만큼 눈길을 끌지는 않지만, "페미니즘도 어느 정도 대중화됐다. 이제는 거의 모든 사회계층에서 페미니즘을 찾아볼 수 있다"고 했다. 마리아 호세 로사도는 "가장 빈곤한 여성이 복지정책의 주 수혜자가 됐다"라고 지적했다. 한 예로 약 1,300만 브라질 가구를 대상으로 한 '볼사 파밀리아' 수당(가족수당)도 여성을 최우선 대상으로 삼는다. 서민주택 프로그램인 '나의 집 나의 삶'도 마찬가지다. 정부는 여성이 자기 명의로 주택을 소유할 수 있도록 노력 중이다. 아르헨티나·브라질·칠레·파라과이·우루과이 내 남녀평등 및 여성자립을 위한 유엔여성기구 대표 레베카 타바레스는 "여성이 자기 소유의 집을 가지면 남성과의 관계에서 좀 더 높은 협상력을 가질 수 있다. 또한 여성은 일반적으로 자녀의 건강이나 영양상태에 더 많은 관심을 기울이기에 이 정책은 각 가정의 환경을 개선하는 데 도움을 준다"고 했다.

양성 불평등, 저출산으로 이어져

여성은 예전보다 노동시장에 더욱 활발히 참여하고 있지만, 여전히 대부분의 무임노동(가사노동, 자녀양육, 노인 및 장애자 수발 등)을 홀로 감당하는 처지다. 여성은 기존 마초 문화를 변화시키면서도, 가정과 일을 양립하는 데 많은 어려움을 겪고 있다. 그래서일까? 오늘날 남미 지역의 출산율은 급격히 추락하는 추세다.

브라질에서는 세대교체가 힘들 정도로 저출산이 심각한 수준이다. 가정을 돌보는 데 너무 많은 비용과 노동이 소요되다 보니(교육과 의료가 대부분 민영화됐다), 부유한 동네에 살든 빈민가에 살든, 대부분의 여성은 자녀를 한 명만 낳아 키우려 한다. 우루과이·코스타리카·칠레·쿠바 등에서도 저출산 현상이 관찰되고 있다. 고령화도 증가일로에 있다. 그러나 정부는 이런 문제를 해결하기 위한 재정지원에 여전히 인색하다. 플로레츠 에스트라다 피멘텔 교수는 "좀 더 자립적인 여성들은 공부를 지속하거나, 소비나 여행을 즐기려고만 한다. 타인을 책임지는 삶을 계속 거부하는 것이다"라고 말했다. 피멘텔 교수는 이어 "이는 자본주의 시대에 심각한 사회문제를 야기할 수도 있다. 남녀 간 노동분업의 형태가 변화했지만, 정부나 기업 누구도 새로운 현실에 적합한 사회적 인프라를 구축하는 데 제대로 투자하지 않는다"고 했다.

글 **라미아 우알랄로 | 언론인**
브라질과 멕시코에 거주하면서, 중남미 전문기자로서 이 지역의 변화상, 특히 여성들의 변화에 관한 글을 언론에 기고하고 있다.

1. 마리아 이사벨 발타르 다 로샤, 레지나 마리야 바르보사(엮은이), 〈Aborto no Brasil e paises do Cone Sul〉, 캄피나스주립대학, 2009년 10월.
2. 〈Segredo guardado a sete chaves〉, 브라질리아대학, 2010년 6월.
3. 세르지오 곤살레스 로드리게스, '시우다드후아레스의 여성학살자들', 〈르몽드 디플로마티크〉 프랑스어판, 2003년 8월.
4. 파트실프 톨레도, 'The drug-war femicides', 〈Project Syndicate〉, 2011년 8월 9일.
5. 데미언 케이브, 'Mexco's drug war, feminized', 〈뉴욕타임스〉, 2011년 8월 13일.
6. 〈Human trafficking: An overview〉, 유엔 마약범죄국, 뉴욕, 2008년.

3부
여성과 신

신은 여성 혐오자인가?

글 앙리 텡크 | 종교전문가

페미니스트들에게 있어, 종교란 달갑지 않은 존재다. 여성혐오증이 종교에서 시작됐다고 믿기 때문이다. 종교적 교리들도 성차별적이라고 생각하기 때문에 반反종교운동에서 페미니스트 운동으로 확대된 경우도 많다. 반면 여성 신도들은 오래전부터 종교체제를 내부에서부터 뒤흔들려는 노력을 계속해왔다. 평등주의 관점에서 경전을 재해석하는 방식으로 말이다. 과연 이 여성들은 누구인가? 그들이 주장하는 바는 무엇이며, 어떤 방식으로 그들의 종교에 변화를 가져왔는가? 종교적 페미니즘과 비종교적 페미니즘은 양립할 수 있을까?

신은 여성을 창조했다. 그저 멸시하려고 만든 것일까? 그리 단순하지가 않다. 일신교들의 경전이 남성적 헤게모니와 조직적인 여성 혐오의 온상이긴 하지만, 그 안에서도 여성들이 중심적 위치를 차지하고 있으니 말이다. 천국의 문 앞에 사람들이 두 줄로 서 있다. 이 중 긴 줄에는 수백 명의 남성들이 몰려있다(여성은 단 한 명도 없다). 신 앞에 선 그들은 이렇게 말한다. "우리는 평생을 아내한테 휘둘리며 살았습니다." 또 다른 줄에는 딱 한 명의 남성이 있다. 신이 그에게 무슨 일을 했는지 묻자 이렇게 대답한다. "저는 아무것도 모릅니다. 그저 아내가 시켜서 이 줄에 섰을 뿐입니다." 이는 유대인들의 오래된 농담으로, 남성이 여성보다 우월한 듯 보이는 현실을 의미심장하게 담아내고 있다.

이런 유머와 조롱이 일신교들의 성차별에 맞설 마지막 무기인 것인가? 지난 한 세기 동안 페미니스트들이 외친 분노의 목소리만으로는 충분치 않았다. 전통 유대교인들은 여전히 "주님, 저를 여자로 태어나지 않게 하심을 감사드립니다"라는 아침기도를 한다. 사실 유대교에는 613개의 율법이 있는데, 남성들은 '운 좋게도' 이 모든 율법을 따라야 하는 반면, 여성들은 이 의무에서 '면제'된다. 그러나 위선도 이런 위선이 없다! 면제라는 말로 결국 여성을 배제시킨 것이니 말이다. 일례로, 여성은 유대교 예배의식에서 발언할 권리가 없다. 탈무드 연구학자 릴리안느 바나에 의하면, 이는 할라카(유대교 법)에서 온 것이 아니라, 공적 세계에서 여성을 소외시키는 유대교의 '남성 우월적이고 성차별적인 비전'에서 비롯됐다고 한다.

그렇다면 가톨릭교의 상황은 이보다 나을까? 제2차 바티칸 공의회에서 로마 생피에르 성당의 벨기에 출신 추기경이 "도대체 인류의 절반은 어디에 있는가?"라며 놀라워했던 일을 기억할 것이다. 교회의 운명을 결정짓는 중요한 자리에 온통 남성들만 줄지어 앉아있었던 것이다. 물론, 1960년대부터 여성 평신도들의 교육 및 학력 수준이 높아지면서 본당 평의회와 주교 평의회에 참석할 수 있게 됐고, 더 나아가 로마 교황청에까지 진출하게 된다. 여성들은 교리교육에서 핵심적 임무를 수행하며, 사제들에게 은퇴를 권고하고 신학을 가르칠 수 있게 됐다. 그러나 예외적인 경우를 제외하고는 여전히 미사에서 설교를 할 수는 없다.

결국 '교회당' 안에서의 권리는 얻었지만, '교회' 안에서의 권리는 얻지 못했다. 개혁의 목소리도 있었지만, 여성은 여전히 사제·부사제 서품과 대부분의 결정기관에서 소외되고 있다. 여신도들은 성례에 참석할 신도들을 준비시키지만, 성례 자체는 남성 사제들만 집전할 수 있다(정교분리 이전의 교회는 여성 혐오적이거나 시대에 뒤떨어진 이미지가 아니었다!). 그러나 여성 '해방'이 시작되고 공의회를 통해 평신도의 역할이 확대되자, 교회도 더 이상 정치·산업·언론업계의 남녀평등 수준이 개선된 것을 모른 척할 수 없게 된 것이다. 안느 수파의 표현을 빌리면, 교회 내에 '진정한 여성 프롤레타리아 계급'이 생겨난 것이다.

그런데 카멜 다우드의 글을 보면, 가톨릭 여신도들보다 더 상황이 어려운 이들이 있다. 바로 이슬람교의 여성들이다. 그에 따르면, "알라의 세계에서 여성은 부정, 거부, 살인, 은폐, 유폐, 소유의 대상이다." 사실상 코란은 부정행위에 대한 의심이 조금이라도 들면 남편이 아내를 때릴 수 있도록 허용하고 있다. 또한,

여성에게 혼전순결을 강요하며, 생리 중인 여성은 '불결하다'는 취급을 받는다. 남편은 아내에게 일방적으로 이혼을 요구할 권리가 있으며, 남성의 법정 증언은 여성의 증언보다 가치가 두 배 더 높으며, 상속문제에 있어서도 아들이 딸보다 두 배 더 많은 재산을 물려받도록 돼 있다. 코란 4장 34절에는 이렇게 적혀있다.

"신이 부여한 특권에 따라, 남성은 여성에 대한 권위를 지닌다. 여자의 부정행위가 의심될 때는 훈계하라. 여자를 가두고 매질하라."

인류를 위한 두 개의 성별

그렇다면 일신교들은 여성에게 재앙과도 같은 존재인가? 이들이 여성에게 재갈을 물린 것인가? 우리는 이 명백함에 동의할 수밖에 없을 것이다. 그러나 잊지 말아야 할 것이 있다. 일신교들의 경전은 특정 시기에 작성돼 여러 문화권을 거쳐 전승됐다. 따라서 이들이 말하는 규율들이 초기 문명, 즉 수메르, 바빌론, 이집트 문명을 거치면서 '조작'됐다는 것이다. 랍비인 델핀느 오르빌뢰르가 다음과 같이 말한 것도 무리는 아니다. "경전이 어떤 사실이나, 그와는 정반대되는 사실을 전하게 만드는 것은 매우 부정적인 일이면서도 상당히 쉬운 일이다. 구절이 삽입되는 문화적·역사적 맥락도 고려치 않고, 그것을 말하고 또 받아들이는 이가 누군지 전혀 생각하지도 않은 채 말이다."

여기에는 세 가지 설명이 뒤따른다. 첫째, 수많은 성차별적 내용을 정당화한 해석에도 불구하고, 성서의 천지창조(창세기) 이야기에서 여성이 하등하다는 증거를 찾을 수 없다. 하나님은 남성과 마찬가지로, 여성에게도 생명을 불어넣으셨다. 하나님은 이들을 남성과 여성으로 창조했으며(1장 27절) 이들에게 아담이라는 남성형이자 여성형인 속명屬名을 붙이셨다. 이후 성적 이원성이 생겨나지만(남자의 '갈비뼈'에서 여자가 태어났다), 창세기에서 최초의 인간이 남성형으로 식별된 적은 없다. 하나님은 여성과 남성에게 육체와 영혼을 주셨다. 염색체 구성과는 상관없이 말이다. 다시 말해 인류는 남성이자 동시에 여성인 것이다.

한편, 이슬람교에는 여성에게 저주를 내리는 내용이 나오지 않는다. 물론 유혹과 타락에 관한 장면이 코란에 나오긴 한다. 그러나 사탄의 유혹에 빠져서 아담을 타락시키게 하는 것은 여성이 아니다. 남성과 여성 모두에게 책임이 있으며, 신은 이 둘 모두를 용서하신다(코란 35장 18절). 게다가 코란은 신과의 관계에 있어서 남녀가 평등하다고 강조하고 있다. 모든 인간은 각자의 행동에 따라 동등한 판결을 받는다. 코란 33장 35절의 "무슬림 남성과 무슬림 여성은, 남신도와 여신도는, (…) 신께 많은 기도를 드리는 남성과 여성은"이라는 구절에서도 종교상 남녀가 평등하다는 것이 강조되고 있다.

둘째, 성경, 탈무드, 복음서, 코란은 수 세기 동안 남성적 헤게모니, 독단적이고 차별적인 구조, 조직적인 여성 혐오, 여성에 대한 반감 등을 정당화해왔다. 그러나 동시에 여성을 존중하라고 권장하는 구절들도 발견된다. 창세기에는 "사람이 혼자 있는 것이 좋지 아니하니(2장 18절)"라는 구절이 나온다. 유대교에서는 사랑을 찬양하고, 성욕과 성행위를 찬미하고, 결혼을 권장한다. 탈무드는 유독 여성에게 가혹하긴 하다. "여성에게 토라(모세5경)를 맡기느니 차라리 태워버리는 게 낫다"며, 여성을 가볍고, 수다스럽고, 게으르고, 질투가 많은 존재로 그린다. 그러나 그런 탈무드에서도 "아내를 얻는 자는 복을 얻고"라는 구절이 나온다.

그런데 기독교의 경우, 그 유명한 에베소서 5장 22절에 나오는 "아내들이여 자기 남편에게 복종하기를 주께 하듯 하라. 이는 남편이 아내의 머리됨이 그리스도께서 교회의 머리됨과 같음이니"라는 구절을 확대해석해, 윤리적으로 기혼여성에게 순종의 의무가 있다는 논리를 만들어냈다. 그러나 기독교 전승에 따르면, 결혼은 두 사람의 사랑을 보여주는 성스러운 예식이다. 남편은 아내를 사랑할 것을 강력하게 권하며(에베소서 5장 28절), 남편은 아내를 버려선 안 되고(고린도전서 7장 11절), 여성은 남성과 동등한 권리를 갖는다(갈라디아서 3장 28절). 사실이 이러할진대 어찌 이 모든 것을 망각해버렸단 말인가?

이슬람교에서도 여성을 가혹하게 대할 때가 있다. "아내는 너희를 위한 경작지이니라. 그러므로 너희가 원할 때는 언제든지 너희의 경작지로 가라.(코란 2장 223절)" 그러나 가혹함을 누그러뜨리고, 사랑과 관대함을 권유하며, 남편에게 아내를 잘 돌보라고 요구하는 구절들과 하디스(무함마드의 언행록)가 존재한다는 사실을 부정하지는 않는다. 무함마드도 이렇게 말했다. "밤에는 아내와 부부관계를 맺을 터인데 어찌 너희가 노예를 때리듯 아내를 때릴 수 있단 말인가?"

셋째, 일신교들의 경전을 보면, 여성들이 중심적 위치를 차지하고 있는 것을 알 수 있다. 하나님은 아브라함에게 "사라가 네게 이른 말을 다 들으라(창세기 21장)"고 말씀하셨다. 유대교에서도 세계를 바꿀만한 능력을 가장 많이 증명해 보인 이들도 사라, 레아, 라헬과 같은 "훌륭한 여성", 여왕, 여성 선지자, 여족장들이었다! 프랑스 출신의 위대한 랍비 하임 코르시아는 "여성들이 없었다면 유대교는 아무것도 아니었을 것"이라고 말했다. 여성들은 보완적 역할이 무엇인지 증명해 보였고, 유대교의 정체성도 여성들에 의해 확립된 것이다.

그렇다면 예수는 주변 여성들이 어떤 위치였는지도 살펴봐야 하지 않겠는가? 예수는 죄인인 마리아 막달레나의 발을 씻어줬다. 그리고 십자가 바로 앞까지 예수와 동행한 것도, 예수가 부활한 날에 무덤이 비어있는 것을 발견한 것도 모두 그의 여제자들이었다. 교황 요한 바오로 2세는 성모마리아를 구원의 역사의 중심에 놓았고, 복음서의 여성 인물들을 세상의 무대의 여배우처럼 등장시켰다. 참고로 그는 1994년에 여성의 사제 서품을 '최종적'으로 금지한 인물이다.

마지막으로 이슬람교에서 무함마드의 아내들은 신자들의 '어머니'라는 대우를 받는다. 첫째 부인이었던 카디자는 사랑하고 사랑받는 배우자이자 어머니였으며, 하프사는 코란을 맡아 보관한 인물이었고, 아이샤는 무슬림들의 '기억'이라고 불린다. 이슬람교의 전승에 따르면 무함마드는 이렇게 말했다고 한다. "이 세상에는 내가 좋아하는 것이 세 가지가 있는데, 나의 최고의 기쁨인 여성, 향수, 기도다."

결론적으로 아브라함 계통의 종교들이 여성 혐오적이라든지 또는 '페미니스트'라고 비꼬는 것은 무의미하다. 어차피 한 시기에만 통했던 시대착오적 발상에 불과하기 때문이다. 일신교들의 경전은 종교적 폭력 등 다른 문제들과 마찬가지로 여성의 위상에 관한 문제에 있어서도 일종의 양면성을 갖고 있다. 성경과 코란이 어떤 부분에 있어서는 여성에게 긍정적인, 혁신적 면모를 보여주기도 했지만, 명백히 차별적인 태도를 취한 부분도 있었다는 것이다. 어느 한 쪽에 고착되지 않고 필요한 만큼의 임계 거리를 두고 경전을 대할 때, 종교집단이 가지게 될(가지지 못할 수도 있지만) 능력은 생각보다 훨씬 더 결정적이다.

글　**앙리 텡크 | 종교전문가**
〈르몽드〉의 종교담당 기자(1985-2008)로 활동했으며, 〈가톨릭주의; 교조주의자들의 귀환(Catholicisme; le retour des intégristes)〉(2009), 〈가톨릭교도들(Les Catholiques)〉(2008), 〈이슬람 살리기(Vivre l'islam)〉(2003) 등 10여 권의 종교서적을 저술했다.

종교계 내부에서 일어난 페미니즘 운동

글 가에탕 쉬페르티노 | 종교담당 기자

본래 페미니즘 투쟁은 가부장적 성격이 강한 종교와 대립각을 세우고 있었다. 19세기부터는 교계 내부에서도 페미니즘 운동이 일어나기 시작했다. 모든 이들이 각자의 방식으로 여성의 권리 쟁취를 위해 투쟁했던 것이다.

"혹자는 이토록 거룩한 종교와 이토록 대담한 파격 사이에 접점을 찾기란 불가능하다고 말했다. 하지만 이처럼 영광스러운 일이 가능했던 것은 놀라운 용기와 재능을 바탕으로 독보적 위상을 차지했던 일부 특별한 여성들의 노력 덕분이다."

1902년 샤를르 튀르종은 저서 『프랑스의 페미니즘』에서 이렇게 썼다. 여기서 역사학자인 필자가 말하는 것은 전대미문의 운동, 즉 가톨릭 종교 내부에서 발현된 페미니즘을 의미한다.

본래 페미니즘 운동은 태동 당시 반종교적인 성격을 지녔다. 튀르종이 "두 영역의 접점을 찾기란 불가능하다"고 말한 것도 그런 맥락에서 읽힌다. 19세기 페미니즘을 창시한 주요 인물들은 주로 자유주의 성향을 지닌 부르주아나 사회주의자들로, 종교에 비판적일 수밖에 없었다. 가령 그들은 피에르 부르디외가 『남성 지배』에 썼던 표현을 빌려 "철저히 가부장적 가치가 중심을 이루는 가족 윤리관을 주입한다"는 이유로 종교를 비판적 시각에서 바라봤다.

1830년대에 이르러, 프랑스인 외제니 니부아예와 제니 데리쿠르 등 개신교 지식인들이 1세대 페미니즘 물결을 형성했다. 그들은 여성의 참정권을 인정하고 교육권을 확대하며, 가족이나 사회 내 여성의 역할을 재정립할 것을 요구했다. 19세기 중후반, 여러 여성 개신교 자선단체도 행렬에 동참했다. 20세기 초 프랑스 페미니즘의 첨병 역할을 하던 일명 '개신교를 위한 여성자선운동 및 단체 세계대회'를 주관한 것도 바로 이 개신교 여성들이었다. 역사학자 마틸드 뒤베세는 "개신교는 개혁을 통해 그동안 사제의 특권으로 간주되던 성경을 모든 이들이 읽을 수 있게 하겠다는 목표를 내걸며, 여성교육을 비롯한 각종 교육에 투자를 아끼지 않았다. 20세기 초 프랑스, 영국, 독일에서는 개신교의 청년교육이 가톨릭보다 더 활발히 이뤄졌다"고 분석했다.[1]

많은 유대교 여성도 초기 페미니즘 운동에 가세했다. "19세기 후반 고등교육을 받은 많은 유럽의 유대교 여성들이 다양한 방식으로 세계적인 페미니즘 운동에 동참했다. (…) 유대교 여성의 참여는 이미 페미니즘 운동 초기부터 활발히 이뤄졌다"고 역사학자 뱅상 빌맹2이 설명했다. 특히 그는 여성 유대교도가 겪어야 했던 수많은 난관을 지적했다. "빈이나 베를린에서 활동하는 많은 반유대주의 여성단체는 페미니즘이 유대교 교리와 다를 바 없다는 이유를 들며 페미니즘을 공격했다. 여성 유대교도는 프리메이슨단이나 사회주의 운동에도 따라붙는 지긋지긋한 꼬리표에 익숙해져야 했다."

19세기 말, 유대교도나 개신교도가 이끄는 자유주의 페미니즘과 대립적으로, '가톨릭 페미니즘'이 탄생했다. 샤를르 튀르종은 가톨릭 페미니즘이 '사도'로 삼은 것은 마리 모주레 기자라고 기술했다. 1898년 '기독페미니스트협회'를 창설한 마리 모주레는 "기독교에 페미니즘을, 페미니즘에 기독교를 접목"하려 했다. 여기서 주목할 사실이 하나 있는데, 마리 모주레가 '프랑스여성민족주의연맹'의 창설자이기도 하다는 점이다. '프랑스여성민족주의연맹'은 "유대인의 위험에 맞서 싸우는" 반드레퓌스파 성격을 지닌 단체였다.

각종 '여성자유노조', '교회 내 여성과 남성' 그룹, '국제잔다르크연맹', 몬트리올의 '성 요한 세례자 연맹' 등 가톨릭과 페미니즘을 동시에 표방하는 단체가 하나둘씩 늘기 시작했다. 1932년 마리 게랭라주아 캐나다 수녀는 저서 〈가정으로 돌아온 어머니〉에 이렇게 썼다. "자유로운 이혼, 산아제한, 여성 개인의 삶 존중 등을 요구하는 자유주의 페미니즘에 대항해, 교계는 기독페미니즘을 꺼내 들었다. 기독 페미니즘은 일부 여성의 권리를 주장하면서도, 그 전에 먼저 여성이 모든 의무를 충실히 다할 것을 강조했다."

가톨릭 페미니즘 투쟁은 다양한 형태로 나타났다. 가령 1930년대 '여성정신연맹'을 비롯한 단체들은 여성의 사제서품을 요구하기까지 했으며, '부권'을 '친권'으로 대체할 것을 주장하거나, '출산의 의무'에 반대하며 치열한 투쟁을 벌였다. 반면 다른 가톨릭 페미니스트들은 오로지 시민이나 노동자 권리에 관한 문제만을 다루기도 했다. 마지막으로 교단 내부로부터 자성의 목소리를 내는 페미니스트들도 있었다. 이들은 여성이 신학 관련 논쟁과 교육에 더 많이 참여할 수 있기를, 공동체 운영에 더 많은 중책을 맡을 수 있기를 요구했다. 대표적인 인물이 프랑스의 마리 에드몽과 프랑수아즈 방데르메에르슈 수녀였다.[3]

그러나 피임이나 낙태에 반대하는 교단의 입장을 대놓고 비판하는 페미니스트는 찾아볼 수 없었다. 그랬다가는 누구든 교단 밖으로 영원히 쫓겨날 위험이 있었기 때문이다. 어쩌면 가톨릭 페미니즘이 일부 사제의 지원을 받을 수 있었던 것은, 그처럼 교단의 입장에 정면으로 도전하는 페미니스트가 없었기 때문인지도 모른다.

그렇다면 이슬람 페미니즘의 사정은 어떠했을까? 페미니스트들의 열망은 결코 서구 국경 안에 갇혀 있지 않았다. 1848년 시인이자 신학자였던 이란여성 파테메Fatemeh(국내에는 '타헤레'라는 이름으로 더 알려져 있음-역주)가 이슬람 머리두건을 쓰지 않은 채 컨퍼런스에 참석하며 관중을 큰 충격에 빠뜨렸다. 페미니스트로서의 파격적인 행보로 인해 많은 논란을 일으켰던 그녀는 그로부터 4년 후, 암살사건에 휘말려 사형을 선고받았다. 일설에 의하면, 그녀는 처형 직전 이렇게 소리쳤다고 한다. "너희들은 원한다면 나를 죽일 수 있다. 하지만 여성해방을 막을 수는 없다!"

그러나 역사학자 스테파니 라트 압달라에 의하면, 정작 이슬람 페미니즘이 본격적으로 등장한 것은 그보다 훨씬 세월이 흐른 1990년대였다. 스테파니 라트 압달라는 저서 『종교적 규범과 젠더, 변이, 저항, 재형성』(2013)에서 다음과 같이 설명했다.

"국경을 초월한 운동이 서서히 형성됐다. 가정 내 남녀평등을 표방하는 단체 '무사와'와 여성 지식인과 신학자들로 구성된 초국적 협의체인 '세계여성자문위원회', 바르셀로나 소재 '준타 이슬라미카'가 2005~2010년 개최한 각종 컨퍼런스 등 글로벌 조직망이 하나둘 구축됐다. 더욱이 이슬람 국가 안에서도 이슬람 페미니스트들은 기존의 교계 내부에서부터 길을 찾으려고 시도했다. 결국 이슬람 페미니즘은 나라별로 다양한 방식을 띠며, 시민사회, 사회운동, 정치운동 등으로 점차 확산됐다."

이슬람 페미니즘은 각각의 운동이 처음 탄생한 국가와 환경에 따라 다양한 형태를 띠었다. 어떤 이들은 종종 이슬람형제단과 가까운 매우 보수적인 페미니스트를 자처했다. 그들은 시민의 평등권을 주장하면서도 정작 남녀차별은 문제 삼지 않았다.

반면 조금 더 진취적인 페미니스트도 찾아볼 수 있었다. 그들은 인간의 권리가 남녀 모두에게 보편적인 것이라고 주장하며 모든 종류의 양성 불평등에 반대했다.

차츰 시간이 흐르면서 종교적 페미니즘은 나름의 교리를 수립하기에 이르렀다. 그 결과 1970~80년대, 진정한 '여성 신학'이 꽃을 피웠다. 처음에는 유대교와 기독교가, 이어 1990년대에는 이슬람 페미니스트가 여성신학을 이끌었다. 그들의 목표는 여성에게 긍정적인 내용으로 성서를 재해석하는 것이었다. 그러나 성경에 나오는 사도들이 남성이었다는 것은 부인할 수 없는 사실이 아닌가? 물론 사도들이 전부 남성인 것은 맞지만, 예수의 사도들은 훨씬 더 "포용적이고 비위계적인 성격을 지녔다"고 개신교 신학자 샐리 맥페이그는 지적했다. 그렇다면 코란은 정말 가정의 권위, '키와마Qiwama'를 남편에게만 부여한 것일까? 이슬람 페미니즘을 연구하는 남성과 여성 신학자들은 그렇지 않다고 주장한다. '키와마'는 부부 중 가정을 건사할 능력이 나은 사람에게 주는 것이라는 설명이다.

한편 종교적 페미니즘은 신이 남성도 여성도 아닌, '중성'이라는 이론을 표방한다. 시카고 로욜라대학 신학과 부교수 수잔 A. 로스는 "오늘날 성서나 전례나 일상 속에 등장하는 남성화된 신의 이미지는 하나님을 제대로 이해하는 데 걸림돌이라고 페미니즘 여성 신학자들은 말한다. 그들이 보기에 하나님은 훨씬 절대적인 신비를 구현하시는 존재다"라고 설명했다.[4]

모든 교단의 페미니스트들은 투표권, 교육권, 노동권, 자립권 등 여성의 권리를 쟁취하기 위한 투쟁에서 수많은 승리를 거뒀다. 가령 마그레브 지역을 비롯한 이슬람권 국가에서는 일부다처제가 조금씩 사라지는 추세이며, 여성의 법적혼인 연령도 점차 남성과 비슷한 수준으로 차츰 올라가고 있다. 교계 내부에서도 변화의 바람이 감지된다. 1930년대 이후로 랍비와 사제(심지어 북유럽 국가에서는 주교까지)의 자리는 여성에게도 허락되고 있다. 또한 가톨릭 수녀는 남성 수도사에 버금가는 권리를 누리게 됐고, 여성도 신학교수가 될 수 있는 길이 활짝 열렸다. 남아프리카, 북아메리카, 유럽 등지에서는 여성 이맘(이슬람교 교단의 지도자 혹은 뛰어난 학자를 가리키는 직명 중 하나-역주)이 남녀가 동석하는 기도회를 주재하기도 한다. 그런가 하면 인도네시아에서는 여성이 이슬람교리 해석(파트와)을 내놓을 수 있는 무프티(이슬람 율법전문가)직에도 도전할 수 있게 됐다.

그러나 종교적 페미니스트에게는 여전히 수많은 장벽이 남아있다. 가톨릭교회에서는 중대한 결정을 내릴 권한은 여전히 남성 사제에게만 주어지며, 유대교에서의 '종교적 이혼Guett'은 남편의 의사에 의해서만 성사된다. 또한 모든 이슬람 국가에서 상속법은 남성에게 훨씬 유리하며, 이슬람교도는 이슬람교도가 아닌 사람과는 혼인이 금지돼 있다. 그 밖에도 헤아릴 수 없을 만큼 많은 문제들이 있다. 종교역사학자 필립 포르티에는 말했다.

"중심부를 보면, 교계가 여전히 현재 진행 중인 변화에 심각한 저항감을 보이고 있다. 그러나 현재 '주변부'에서는 자유로운 교리 해석, 수평적인 삶의 규범 등을 기초로 한 비정통 교리들이 속속 등장하고 있다. 이 흐름은 결코 막을 수 없을 것이다."

글 **가에탕 쉬페르티노** | 종교담당 기자
종교적 사건들에게 열정적인 관심을 갖고서, 세상에 배제되고 소외된 사안에 대한 심도 있는 글을 주로 쓰고 있다. 유럽종교학연구소(IESR)와 프랑스 고등연구원(EPHE)에서 종교학을 공부했다.

---

1   Lavie.fr, 2016년 3월 2일.
2   Vincent Vilmain, Nelly Las, 〈Voix juives dans la féminisme. Résonnances françaises et anglo-américaines(페미니즘 속 유대교 여성들의 목소리. 프랑스와 영미권의 울림)〉, Honoré Champion Editions, 2011년.
3   Anthony Favier, 'Des religieuses féministes dans les années 68?(68년대 페미니스트 수녀라고?)', 〈Clio. Histoire, femmes et sociétés(클리오. 역사, 여성 그리고 사회)〉(온라인 게재), 59-77쪽.
4   'Féminisme et théologie(페미니즘과 신학)', 〈Raisons politiques〉, 제4권, 2001년.

히잡 착용이 촉발한 종교적 페미니즘 vs. 세속적 페미니즘

글 베네딕트 뤼토 | 언론인

2017년 1월 5일, 사회당 1차 선거 후보 마뉘엘 발스는 프랑스 2 TV '에미시옹 폴리티크(정치방송)' 프로그램의 게스트로 출연했다. 그 앞에는 소위 '무슬림이자 페미니스트'인 랄랍 연합회원 아티카 트라벨시가 앉았다. 진한 황록색 히잡을 쓴 이 젊은 페미니스트 여성은 2016년 4월, 히잡을 "여성의 굴종"이라고 한 발스 전 총리의 발언에 "상처받고 모욕당했다"고 밝혔다. 발스 전 총리가 "강요된 히잡 착용이 하나의 패션으로 무마되는 것을 우려하는 것이며, 히잡은 정치적 상징으로 착용되고 있다"고 반론하자, 트라벨시는 "당신은 나를 향한 폭력적 담론을 정당화하는 것"이라고 반박했다. "은행에 가면 히잡을 썼다는 이유로 나는 안에 들어갈 수 없고, 그에 대해 설명을 들어야 한다. 나는 자유의지로 히잡을 착용하고 있는데 말이다." 발스 전 총리가 '정교분리원칙Laïcité'을 논하면, 트라벨시는 '이슬람공포증'으로 대답한다. 동문서답인 셈이다. 그렇지만 두 사람 모두 자신이 '페미니스트'라고 주장한다.

이 방송장면이야말로 오늘날 히잡 착용 문제를 둘러싼, 서구 페미니즘을 뒤흔드는 단절을 잘 보여준다. 이제는 세속적(정교분리원칙에 입각한) 페미니즘이 종교적, 특히 이슬람 페미니즘과 대치하는 상황이다. 어쩌다 상황이 이렇게 됐을까? 사실 문제는 이보다 훨씬 더 복잡하다. 이를 입증하는 것이 여성의 랍비직 허용 투쟁으로 잘 알려진 델핀 오르비외르의 '나는 내 자유의사로 히잡을 쓰기로 결정했다: 종교적 페미니즘의 한계'라는 칼럼이다(2017년 1월 17일, BibliObs.NouvelObs.com). 이 방송에 대한 반응으로 작성된 이 기사는 히잡 쓴 여성들의 "공동체적 주장"을 비난했다. 오르비외르는 설사 이 여성들이 스스로 자유롭다고 말하더라도, 이는 프랑스공화국 덕분이며 정교분리원칙 덕분이지, 종교나 히잡 덕분이 아니라고 강조했다. 즉, 종교적 페미니즘이 존재하지만 세속적 페미니즘이 그보다 우선이라는 것이다.

그렇지만 수많은 이슬람 페미니스트들은 이 기사가 왜곡이나 다름없다고 비난했다. '모스크 안의 여성' 단체의 전 대변인 아난 카리미의 반응은 특히 더 격렬하다. "나는 이 기사가 (델핀 오르비외르가) 페미니스트 내셔널리즘의 대열에 입성했음을 보여주는 증거라고 본다. 정부가 내셔널리즘을 확고히 하기 위해 남녀평등의 수사학을 가로챈 시점인 셈이다."(Les Inrocks,

2017년 1월 18일)

　이슬람 페미니즘이라는 개념은 1990년대 이란에서 탄생해 이후 북아프리카 및 중동으로 널리 퍼져 나갔다. 나라마다 요구가 달랐는데, 코란의 '페미니즘적' 해석, 여성을 향한 폭력과의 투쟁, 결혼관습 개혁, 상속문제 등이 그것이다. 프랑스에서는 '신식민주의적'이라 판단되는 법, 즉 학교에서 종교적 상징물, 즉 히잡의 착용금지법에 대한 반발로 2004년, '무슬림 페미니즘'이 생겨났다. 이에 역사학적 페미니스트들, 그리고 무슬림 페미니스트들은 '평등을 위한 페미니스트'라는 단체로 연합했다.

회유에 주의하라

그러나 이런 예기치 않은 연합은, 세간에서 쉽사리 받아들여지지 않았다. 그리하여 2012년 이후 두 가지 다른 행사가 3월 8일 낮 파리에서 열렸다. 하나는 세속적 성향의 전통적인 페미니스트 행사, 또 하나는 '모든 여성을 위한 3월 8일8 Mars Pour Toutes'이라는 여성단체가 이끈 소규모 행사였다. 2015년 5월에는 소수파 여성단체인 '페미니즘을 단행하라!'가 '히잡을 단행하라!'를 슬로건으로 삼고 분연히 일어섰다. 2010년 이후로 이란 출신의 작가이자 사회학자 차흘라 사피크는 이슬람 페미니즘의 개념에 관해 경고해왔다.[1] 특히 2016년에는 "페미니즘이라는 용어의 정치적 회유를 주의해야 한다. 정치적 이슬람은 개인의 자유에 이로운 민주적 모델이 절대 될 수 없으며, 특히 여성의 자유에 관해서는 더더욱 그렇다"고 재차 주장했다.[2]

2016년은 특히 혼란스러운 해였다. 3월에는 여성 폭력에 관한 토론이 파리 20구 구청에서 열렸는데, 사회당 출신 시장 프레데리크 칼랑드라는 아프리카 출신 페미니스트 로카야 디알로에 대해 "(이슬람적) 체제보수주의에나 유용할 얼간이"라고 평가하며 디알로의 방문을 거부했다. 디알로는 "나는 (이슬람) 개종자가 아니며, 히잡을 찬성한다기보다는 각자의 자유 의지를 존중하는 쪽이다"라며 놀라움을 표명했다. 파리 고등정치학교 학생들이 주최한 '히잡의 날Hijab day'은 논란을 재점화했다. 이 행사는 이슬람교도를 막론한 학생 전원을 초대했으며, '차별의 희생자인' 히잡 쓴 여성들에 대한 연대의식을 보여주기 위해 온종일 히잡을 쓰고 다닐 것을 촉구했다. 여름에는 '이슬람 패션'의 범람과 부르키니 사건이 흥분을 촉발했는데, 이에 페미니스트들은 세 가지 진영으로 나뉘었다. 하나는 여성부 장관 로랑스 로시뇰을 중심으로 한 진영, 다른 하나는 문제가 된 의복 브랜드의 보이콧을 촉구한 엘리자베트 바댕테르의 진영, 부르키니를 시대착오적이라 규정하는 '반부르키니' 법령을 비난하는 페멘이나 셰브첸코의 진영으로 말이다. 셰브첸코는 이런 사건들이, "무엇보다 무슬림 여성을 향한 인종차별"이라고 강력하게 비난했다.

쾰른 사건

그렇지만 이슬람교 내부의 여성 처우 문제에 관해, 좌파 내에서 가장 뿌리 깊은 불안을 드러내 보인 것은 크리스마스이브에 독일 쾰른에서 일어난 일련의 사건들이다. 이 수백 건의 성폭행 중 대부분은 모로코나 알제리에서 온 남성들이 자행한 것이다. 이에 관해 어느 남성 작가가 보인 반응은 매우 큰 반향을 일으켰다. 작가 카멜 다우드가 〈르몽드〉지에서 아랍의 무슬림 세계 내의 "여성과 육체, 욕망에 대한 병적인 태도"를 비난했던 것이다. 다우드의 칼럼은 프랑스 학계에서 "이슬람 공포증을 부추긴다"는 비난을 받으며 반론을 일으켰다.

페미니스트들 또한 현 상황의 해석에 관해 의견이 분분하다. 페미니스트 투쟁가 클레망틴 오탱은 "1945년 4월부터 9월 사이, 2백만 명의 독일 여성들이 병사들에게 강간당했다. 잘못은 이슬람에게만 있을까?"라는 트윗을 남겼다. 이 트윗은 유명한 독일 페미니스트이자 시몬 드 보부아르의 친구 알리체 슈바르처를 분노케 했다. "카이로에서 그들은 잘 알려진 방식을 실행했다. 그들의 목표는 공공장소에서 이 '화냥년'들을 몰아내는 것이었다. 이것이 바로 질 케펠이 묘사했던 '아랫동네의' 지하드다."[3]

세대나 출신에 관련한 단절을 넘어, 이제 이 두 진영의 화해는 불가능한 듯 보인다. 한편에는 엘리자베트 바댕테르, 카롤린 푸레스트, 알리체 슈바르처, 심리학자 후리아 압둘라드, 혹은 '창녀도, 순종적 여성도 아닌'의 전 대변인이자 〈샤를리 에브도〉의 기자였던 지네브 엘-라주이로 대표되는 '보편주의적'이자 '세속적'인 비타협적 페미니스트들이 자리한다. 특히 엘-라주이는 '이슬람 파시즘'에 득이 되도록 행동했던 페미니스트들을 '(나치)협력자'로 취급하길 서슴지 않는다. 다른 한편에는 '차등주의Differentialism' 혹은 '후기식민주의'를 표방하는 '네오페미니스트'들이 있다. 이들은 '자민족중심주의적인' 다수파 페미니즘이 -정교분리원칙과 함께- 인종차별주의 및 이슬람공포증이라는 목적의 도구가 된다고 본다.

이 진영 또한 아주 다양한 인사들로 대표되는데, 특히 이 가운데 '프랑스 원주민' 반식민주의 운동연합의 대변인 후리아 부텔자, "서구 페미니즘의 특정한 오만"[4]을 비난하며 코란의 재해석을 촉구하는 전문의이자 작가 아스마 랑라베는 1977년 시몬 드 보부아르와 공동으로 전문지 〈누벨 케스티옹 페미니스트(페미니즘의 새로운 문제)〉를 창간했다. 여기에는 '역사학적 페미니즘'의 대모라 불리는 75세의 크리스틴 델피까지 합류했다. 영국 일간지 〈더 가디언〉에 발표한 한 칼럼[5]에서 델피는 "이슬람공포증과 공모한" 옛 투쟁 동지들을 비난했다.

손을 내밀다

그럼에도, '페미니즘과 지정학' 회장 마르틴 스토르티를 비롯한 일부 인물들은 두 진영 간에 다리를 놓고자 시도했다. 스토르티는 자신의 에세이 『이원론에서 벗어나라』(2016)에서 "여성의 해방은 서구의 어느 데이터도 아니요, 신식민주의의 또 다른 이름도 아니다. (…) 히잡이라는 이슈에 관해서는 정교분리원칙을 관건으로 할 것이 아니라, 자유를 관건으로 삼아야 하며, 자유란 신체, 성별의 문제"라고 강조했다.

결국 이런 간극은 이슬람에 관해 프랑스 좌파가 지닌 분열, 즉 '세속적 공화주의자' 대 '공동체주의에 더욱 근접한 이슬람 지지자'라는 분열을 그대로 드러내는 셈이다. 이 후자는 영미권 국가에서 더욱 유효한 모형이다. 게다가 이런 간극은 페미니스트들 간에서 또 다른 영원한 반목의 주제, 즉 '매춘'을 상기시키기도 한다. 페미니즘 역사학자 미셸 리오-사르시는 이 같은 위기가 특히 훨씬 더 근본적인 징후를 보여준다고 본다. "사람들은 식민주의의 트라우마를 등한시했다. 식민주의는 근대주의가 일궈낸 초기 성과를 계승한 셈인데, 만인에게 해방의 이념으로 작용했던 이 근대주의는 결국 막다른 난관에 봉착했다. 역사학의 두 가지 조류를 양립시킬 수 없다는 사실이 이념적 단절을 만드는 셈이다."

글   베네딕트 뤼토 | 언론인

〈르몽드 데 를리지옹〉 기자로, 바티칸에 상주하면서 종교관련 글을 주로 쓰고 있다.

1. Chahla Chafiq, 'Gender jihad: les impasses du féminisme islamique(젠더 지하드: 이슬람 페미니즘의 진퇴양난)', 〈Les Temps Modernes〉, 2010. 샤피크는 특히 〈Islam, politique, sexe et genre. À la de l'expérience iranienne(정치적 이슬람, 성별과 젠더: 이란의 경험에 비춰보다)〉(PUF, 2011)의 저자.
2. 'Le problème avec le féminisme islamique(이슬람 페미니즘과의 문제)', Chahla Chafiq, L'Obs, 2016년 3월 8일.
3. 'Sous le voile, des féministes(히잡에 관해, 페미니스트들)', Le Point, 2016년 12월 29일.
4. 'Les hommes font une lecture sexiste du Coran(남성들은 코란을 성차별주의적으로 해석한다)', 〈Le Monde des Religions〉, '이슬람 세계의 여성들' 특집호, 2015년 5~6월호.
5. 'Feminists are failing muslim women by supporting racist french laws', Christine Delphy, The Guardian, 2015년 7월 20일.

여성의 입장을 지지하는 종교계 남성 페미니스트들

글 베네딕트 뤼토 | 언론인

그들의 정체는 사제나 랍비, 이맘(이슬람 종교지도자)이다. 그들에게 페미니즘은 상스러운 용어가 아니다. 자신의 종교 안에서 여성의 입장을 옹호하는 이 남성 페미니스트들과의 만남을 공개한다.

    페미니스트, 종교인, 그리고 남성! 너무 모순적인 조합이 아닐까? 그렇지만 19세기 말에 진행된 페미니즘 운동의 비약적 발전 이후, 소수에 불과하기는 하지만 남성들 역시 남녀평등 투쟁에 언제나 동참해왔다. 그러니 종교적 페미니스트들에게 남성 동지가 있는 것은, 지극히 당연한 일일 수밖에. 오늘날 가톨릭교, 이슬람교, 유대교를 막론하고 점점 더 많은 종교지도자가 각자의 종교 내에서 여성의 지위 향상을 위해 목소리를 높이는 중이다.

    여성의 입장을 옹호하기에 너무 늦은 시기란 없다. 보르도의 위대한 이맘인 타렉 우브루는 페미니스트 기자 마리-프랑수

〈텍사스 대학, 무슬림 형제회 시위〉, 2013

아즈 콜롱바니와의 어느 인터뷰 저서에서 자신의 '입장 전환'을 설명했다.1 우브루는 이슬람 형제단의 창립자이자 타릭 라마단의 조부인 핫산-엘-바나의 저서에 영향을 받았고, 이에 프랑스 내에서 이슬람원리주의를 설파하는 이슬람조직연합을 창설하는 데 참가했다. 또한, 여성의 히잡 착용을 오랫동안 주장하기도 했다.

오늘날 우브루는 의견을 급진적으로 바꿨다. 이 같은 입장 전환 이후 이슬람교도들에게 살해 위협을 받을 정도로 공격받기도 했으며, 이슬람교도가 아닌 이들에게는 이중책략이 아니냐는 의심을 받았다. 이에 마리-프랑수아즈 콜롱바니는 올바르게 해석한 신성한 텍스트로 되돌아간 것뿐이며, 그래서 오늘날 이 텍스트들의 해석 개정을 요구하는 것이라고 설명했다.[2] 여성에게 이맘의 지위를 허용하는 데도 반대하지는 않는다면서, 우브루는 '성별화된 집단주의'를 염려하고 있으며 여성을 이맘에서 배제한 사원은 경계한다고 밝혔다.

"여성을 아예 고려조차 하지 않고 남성을 임명하는 모든 자리에서, 사람들은 여성이 가져다줄 혜택을 박탈당하는 셈이다."

코란의 '페미니즘적' 해석이 가능하다?

수피교도 평신도조합 '알-알라위야'의 종교지도자 셰이크 칼레드 방투네스는 이슬람교 내에서 여성의 입장을 오래전부터 옹호해왔다. 방투네스는 2003년부터 히잡은 종교적 의무가 아니며, 그저 역사적 맥락에 포함되는 하나의 권장사항일 뿐이라고 설명했다. 2014년에는 알제리의 오란과 모스타가넴에서 평화문화를 위한 제1회 국제여성총회를 주최했다. 이슬람교 내의 여성 역사를 다루는 이 총회에는 전 세계 수천 명의 지식인이 참가했다.

방투네스는 이슬람 문명이 "여성인 현자, 이맘, 여왕, 위대한 선지자, 위대한 철학자, 위대한 의사와 기술자를 경험했지만, 어느 순간부터 여성의 역사는 숨겨진 채로 남게 됐다"고 강조하며,[3] 코란의 '페미니즘적' 해석이 가능하다고 주장했다. "이런 불평등은 태초에는 존재하지 않았다. 남성들이 여성들의 권리를 빼앗고 예언자 마호메트의 하디스(언행록)를 거짓으로 지어낸 이후 생겨난 것이다." 이어, 고위 종교직을 여성에게도 허용해야 한다고 서슴없이 주장했다. 예언자 마호메트 또한 시장의 치안을 한 여성에게 맡겼다면서 말이다.

한편 가톨릭교로 말하자면, 여성의 서품을 위해 투쟁하는 진보적 사제들이 드물지 않다. 수많은 위험과 위기를 무릅쓰고서라도 말이다. 에브뢰의 전 주교 자크 가이오는 정통주의와는 거리가 먼 입장을 지지한 끝에 1995년 바티칸에서 해임됐다. 이보다는 훨씬 더 타협적인 입장으로, 여성의 서임을 주장하지는 않지만 성당 내 여성의 입장을 옹호하는 성직자들도 있다. 캐나다 가톨릭 주교회의 의장 폴-앙드레 뒤로쉐가 그런 경우다. 2015년 바티칸에서 열린 가족 관련 주교구회의에서 뒤로쉐는 구체적인 제안을 내놓았다.

여성이 부사제로 재직하고 미사 중 설교를 하며, 교황 주재의 추기경회의와 교황 선거회의에 참석하고, 로마 교황청의 일부 하부조직을 지휘하게 하자는 것 등이다. 마지막 제안은 독일의 진보적 추기경이자 바티칸의 전 하부조직장 발터 카스퍼도 옹호한 것이다. 또한 뒤로셰는 일종의 모범사례를 소개했는데, 과거 사제에게만 한정됐던 재정관리를 자신의 교구에서는 여성들에게 보좌하도록 한 것이다. 그는 "여성을 아예 고려조차 않은 채 남성을 임명하는 모든 자리에서, 사람들로부터 여성이 선사할 혜택을 박탈하는 셈"이라고 밝혔다.

변화는 배신이 아니다

프랑스의 정통파 유대교 인사 중에는 여성의 입장을 옹호하는 인물이 드물다. 프랑스의 대랍비 하임 코르시아는 2014년 대랍비 선거 캠페인에서 남편의 동의를 얻어야만 가능한 '종교적 이혼'을 개혁하겠다는 공약을 내걸었다. 이 종교적 이혼은 여성에게 차별적인 관행이자 수많은 물의를 일으켜왔다. 그러나 그 누구도 이 대랍비가 그 이상 나아갈 것이라고는 보지 않는다. 파리의 마소르티파* 유대교 랍비인 예샤야 달사스는 "결혼에 대한 관행을 진정 재정비하고, 랍비들의 결혼파기 권한이 더욱 강력해져야 한다"고 주장했다. 여성 랍비에 호의적인 달사스는 오늘날 '페미니즘'이라는 용어의 변질을 인정하기는 하지만, '마소르티식 페미니즘'을 설파했다.

"자유주의적 유대교의 페미니즘과는 달리, 마소르티식 페미니즘은 유대교 율법을 바꾸지 않는다. 다만 유대교 교리의 재해석으로 이끌 뿐"이라고 주장했다. 또한 그는 여성들이 민얀*과 토라(유대교 성경) 낭독에 참여하는 등, 의식에 더 많이 참여하도록 투쟁하고 있다. 달사스는 사고방식의 변화를 끌어내는 것이야말로 가장 어렵다고 본다. "유대교 내부에서는 모든 변화가 배신 혹은 약화의 상징이라고 보는 경향이 있다."

반면 미국이나 이스라엘에서는 '현대적 정통파'가 점점 더 많은 신도를 모으고 있다. 종교계에서 여성 유대교인의 역할 및 지위 향상이 그 핵심 중 하나다. 예컨대, 이스라엘에 기반을 둔 젊은 프랑스 랍비 가브리엘 아방수르는 자신의 블로그 '현대적 정통파Modern Orthodox'를 통해 "유대교 율법에 부합하는 평등한 유대주의"를 옹호했다. 이는 "성별이 누군가의 공부와 정신적인 성장을 막고, 심지어는 공동체를 이끄는 일을 저지하는 기준이 되지 않는" 유대주의를 말한다. 아방수르는 특히 여성들에게 '성경 연구실Beth Midrash'을 개방할 것을 제안했다.

글 베네딕트 뤼토 | 언론인
〈르몽드 데 를리지옹〉 기자로서, 바티칸에 상주하면서 종교관련 글을 주로 쓰고 있다.

---

1 〈La féministe et l'imam(페미니스트와 이맘)〉, Stock, 2017.
2 'Islam et féminisme sont-ils incompatible?(이슬람과 페미니즘은 양립 불가능한가?)', Elle.fr, 2017년 3월호.
3 'Khaled Bentounès: Les femmes sont vecteurs de paix(칼레드 방투네스 왈 "여성들은 평화의 매개체다)' SaphirNews.com, 2014년 10월 9일.

※ **마소르티(Massorti)** 유대교 율법의 정확성과 현대성을 결합하고자 하는 현대 유대교의 한 종파. 마소르티는 정통 유대교와 자유주의적 유대교 사이의 중간점에 위치한다.
민얀(Minyan) 모든 미사와 의식(할례, 결혼 등)에서 가장 중요한 예배를 드리는 데 필요한 최소 출석자 수. 성인남성 10명이 필요하다.

4부
자유와 권리

그곳에 가면 다른 페미니즘이 있다

글 카미유 사레 | 언론인

종종 아프리카·아시아·중동 여성들의 운명을 내비치는 '가족주의' 프리즘은 이곳 여성들이 주도하는 투쟁을 은폐하는 경향이 있다. 이곳 여성들은 르완다와 아프가니스탄, 그리고 인도와 모로코의 사례를 증언하며 새로운 권리를 쟁취하고 폭력이나 차별에 종지부를 찍기 위해 투쟁하고 있다. 2010년은 프랑스의 여성해방운동MLF 40년을 맞이해 페미니즘 역사를 회고하고, 페미니즘 쇄신을 위해 투쟁과 헌신을 아끼지 않은 개발도상국 여성들을 기억하기로 다짐한 해다. 기존의 질서와 불평등에 맞서 투쟁한 이들의 희생을, 우리는 너무 쉽게 잊어버린다.

이런 상황에서, 여성이 의회 다수를 차지한 세계 유일국가가 르완다라는 사실을 어찌 알 수 있겠는가? 2008년 총선 이후, 이 나라에서는 여성이 국회의석의 56.3%를 차지했다. 이 기록은 유럽의 남녀 균등정치의 챔피언인 스칸디나비아 국가들까지

머쓱하게 만들었다. 르완다 여성들은 투표권을 1961년 독립과 함께 획득했다. 1965년 첫 당선자가 의회에 진출했지만, 1990년대까지만 해도 정치계에 입문한 여성은 거의 없었다. 이런 상황을 반전시킨 것이 1994년 후투족에 의해 투치족이 대량학살 된 사건이었다. 여성에게 가해지는 폭력에 맞선 단체, '국민연합'의 리더 이마퀼레 앵가비르는 여성의 정치진출에 다음과 같이 의미를 부여했다.

르완다엔 여성 의원이 더 많다

"많은 남성이 사망하거나 행동할 수 없는 처지에서, 여성이 소임을 맡아 남성 못지않은 능력을 보여줬다. 많은 여성이 강간을 당하는 등 고초를 겪었지만, 그래도 나라를 혼돈에서 구한 것은 바로 그들이다. 그들은 전통적 남성 우월주의의 틀을 깼다."

대량학살 이후, 르완다 가정의 1/3은 여성이 맡고 있다. 이들은 남성이 예전에 종사하던 직업, 특히 건설과 기계 부문은 물론 정당에도 대거 진출하고 있다. 여성 정치인들은 2001년 헌법 초안 작성에 참여해, 의사결정권을 가진 모든 기관의 인력 30%를 여성에게 할당하도록 한 여성할당제와 여성의 상속권 등을 도입했다. 또 이들은 여성 문제와 젠더 문제를 주관하는 여성가족부를 설립하고, 동네 지도자뿐 아니라 국가 최고 지위에 이르기까지 여성의 진출을 지원하는 국가여성자문단을 가동했다. 그 결과, 여성들은 르완다 정부의 산업, 농업, 외무 및 에너지 장관직에 잇달아 진출할 수 있게 됐다.

하지만 남은 과제가 있다. 중앙정부의 한 보고서에 의하면, 중앙부처 장차관의 74%, 국장의 81%, 전문가의 67%가 남성이다. 여성은 주로 행정보조나 비서로 일하고 있으며, 민간 부문에서도 비정규직이나 임금이 낮은 비공식 부문에 종사하고 있다. 여성이 기업에서 정규직으로 일하는 경우는 18%에 불과하다.[1] 여성이 폭력에 노출된 현실 또한 암울하다. 앵가비르는 "폭력문제를 해결하려는 정치적 의지도 중요하지만, 무엇보다 의식수준을 높이는 게 우선이다. 문화는 불변하는 것이 아니며, 사회 구성원 각자가 스스로 전통을 변화시킬 수 있다는 것을 보여줘야 한다"고 강조했다.

부르카를 쓰고 해방을 외치다

아프가니스탄의 상황은 르완다보다 훨씬 열악하다. 하미드 카르자이 정권 치하에서 가정폭력, 살인, 강간, 테러 등이 계속 증가하고 있다. 이런 가운데, 여성들은 침묵하지 않고 목소리를 높이고 있다. 2005년 27세 때 르완다 최연소 국회의원에 당선된 말라라이 조야가 이들을 대변해 목소리를 높이고 있다.

조야는 파키스탄 난민촌에서 유년기의 한때를 보내며 공부하고, 영어도 배웠다. 탈레반 정권 때, 고향 파라로 귀환한 그녀는 보건소와 여성을 위한 공부방을 몰래 운영해야 했다. 그녀는 정치에 입문한 뒤, 마약밀매 활동과 이슬람 전사들을 무조건 지원했던 군벌의 과거행적을 들춰내며, 그들에 대한 저격수로 활동하고 있다. 그녀는 끊임없이 인권, 특히 여성인권을 무시하는 국가정책을 비판하고 있다.[2]

조야는 몇 차례 암살의 위험에서 벗어났다. 그녀를 노리는 주적은 반정부 운동과 회교 원리주의를 주도하는 정당들이다. 그녀는 수도 카불에서 남성 정치인들의 공격을 받았다. 2007년, 그녀는 "저들은 나 개인은 죽일 수 있을지 몰라도, 아프간 여성의 대변인으로서의 나는 죽일 수 없다. 나는 혼자가 아니기 때문"이라고 외쳤다.[3] 부르카를 쓴 여성들이 종종 파라, 잘라바드, 카불 등에서 그녀를 지지하는 피켓시위를 벌였다. 이후, 그녀는 한 TV 채널과의 인터뷰에서 아프간 의회를 '동물원'에 비유한 발언 때문에 의원직에서 제명 처분을 받았다.

아프간 주요 여성단체 중 하나인 네가르의 회장 수크리아 하이다는 하미드 카르자이 대통령이 2010년 1월 런던 강연 때 자신의 유화정책을 서방 열강에 소개한 이후 탈레반 정권의 복귀 가능성을 걱정하고 있다. 2010년 6월, 카르자이 대통령은 여세를 몰아, 아프간의 국민대의회, 로야 지르가 소속의 부족장과 시민사회 대표 등 1,600명을 소집했다. 탈레반 정권의 몰락 뒤 남녀평등 원칙을 쟁취하기 위해 2년간 투쟁한 하이다는 헌법에서 남녀평등 조항이 삭제될까 우려했다.

인도의 경우는 다르다. 인도 정부는 남녀평등 원칙을 채택하고 젠더 개념을 헌법에 명시했다. 뉴델리에서 20여 년간 출판사를 운영하며 여성문제 전문서적을 펴내고 있는 우르바시 부탈리아는 말했다. "현재 인도 여성들은 훌륭한 공공정책의 혜택을 누리고 있다. 5개년 계획에 따라 여성이 특별한 지위를 얻고 있다. 최근 인도 정부는 도로보수나 거리청소 등 공공시설에 투입된 극빈층, 특히 여성이 많은 일용직 노동자에 대한 최저임금제를 신설했다. 2005년 가정폭력에 대한 세계최고 수준의 법도 제정했다."

이 법은 여성을 남편이나 아들뿐 아니라 시댁의 횡포로부터 보호해준다. 그러나 신부들이 '지참금 살해'를 당하는 비극은 뿌리 뽑히지 않고 있다. 시댁의 끊임없는 지참금 요구를 충족시키지 못해 살해당하는 여성의 수는 매년 약 2만5천 명에 달한다고 한다.[4] 1961년부터 법으로 금지했음에도, 지참금 관행은 1980년대 후반 다시 기승을 부리기 시작했다. 또한 인도는 성비 상 4천만 명의 여성이 부족하다. 이런 수치는 남아선호 사상으로 여아가 뱃속에 있을 때 죽이는 관행과, 이미 태어난 딸의 존재를 무시하는 관행으로 인한 것이다.

반면, 정치무대에서는 인도 여성이 비교적 강력한 힘을 발휘하고 있다. 인도는 1992년부터 자치단체장 선거에 여성할당제를 도입했다. 부탈리아는 "이것이 지역에서 큰 변화를 일으켰다. 여성할당제가 성공을 거두자, 이와 유사한 시스템을 총선에 도입하는 것을 남성 정치인들이 거부하고 있다"고 귀띔했다.

인도 여성의 정치적 성장과 시련

대부분 식민지나 보호령이던 개발도상국에서 현대 페미니즘을 주도하는 여성 선구자들은, 서구에서와 마찬가지로 친親마르크스 계층, 즉 피지배계층 출신들이다. 하지만 이들은 반식민지주의 독립투쟁을 통해 전투적인 자신들의 입지를 공고히 했다. 이집트에서는 1920년대, 후다 샤라비가 '이집트여성연합'을 창설해 민족투쟁에 나섰다. 그녀는 1929년 히잡을 쓰지 않은 채 카이로 기차역에 내려 논란을 불러일으켰다. 몇 달 후, 많은 이집트 여성들이 영국의 위임통치에 반대해 같은 방식으로 시위를 했다.

　카말라데비 차토파디야는 영국의 식민통치 하에서 여성운동과 민족운동을 주도했다. 특히 독립 전후로 간디, 네루와 함께 투쟁했다. 인류학자 마틴 반 위킨스는 차토파디야에 대해 "부와 교양을 갖춘 브라만 귀족이었는데, 민족주의자에 개혁주의자였다"고 회상했다.[5] 간디가 영국의 인도 통치에 반대해 전국을 돌아다니며 평화시위, 일명 '소금행진'을 벌일 때, 차토파디야는 간디에게 "여성도 시위에 참여할 수 있게 해달라"고 간청했다.

코란에서 급진적 메시지를 찾다

1980년대 이란에서 태동한, 종교색을 띤 여성운동은 현재 많은 논란이 되고 있다. 열렬한 정교분리 신봉자들은 "이슬람 원리주의 정치에 여성운동이 이용되고 있다"고 규탄한다. 하지만 조지타운 아메리칸대학 '무슬림과 기독교인 간의 이해를 위한 연구소'의 연구원 마르고 바드랑은 "이슬람 페미니즘은 이슬람 내부의 변화에 불을 지피고 있다. 개혁이 아닌 변화의 불길이다. 페미니스트는 가부장적인 사고와 관습을 뜯어고치겠다는 것이 아니라, 코란 깊숙이 묻혀 있는 남녀평등과 사회정의의 메시지를 찾아내고, 급진적 변혁을 통해 이 메시지를 따르려는 것"이라고 말했다.[6] 이런 페미니즘 운동은 중산층 여성이 고등교육을 받고 가정을 떠나 일터로 나가던 1980년대부터 부각됐다. 이와 동시에 무슬림 신학자들은 미국에서 창안된 젠더 개념을 코란 텍스트 연구에 참고했다.

바드랑의 말처럼, 2005년 경 사고의 독립을 한층 확고히 한 '학식을 갖춘 여성투사들'은 신성한 이슬람 관행과 율법을 만든 것은 인간과 역사이므로, 이에 맞설 수 있다는 것을 보여주며 이슬람의 틀에서 벗어나려 애썼다. 이들은 다국적 네트워크를 구축해 자신들의 각성을 실행에 옮겼다. 바드랑은 이슬람 문화 속에서 정교분리를 주장하는 페미니즘과 이슬람 페미니즘이 연대하는 것은 "무엇보다 (페미니즘) 공동체의 목표, 남성우월주의를 극복하고 이슬람 평등주의, 특히 가정에 이슬람 평등주의를 실현하려는 열망 때문"이라고 말했다.[7]

낙태문제도 페미니즘 운동의 중요한 이슈다. 여성문제 연구가 수아드 에두아다는 "낙태를 주제로 한 공개토론이 시작됐다"며, "이슬람이 여성의 존엄성을 옹호한다는 명목 하에 일부 아랍국가에서는 낙태의 합법화가 시작될 수 있을 것"이라고 말했다. 아라비아반도에서도 비종교단체와 종교단체의 동맹이 여성의 투표권(2002년과 2005년 바레인과 쿠웨이트에서 여성 투표권 획득)을 쟁취했다.

글 **카미유 사레 | 언론인**
환경과 여성에 관심이 많으며, 기사작성을 비롯해 다큐멘터리 및 인터뷰 등 다양한 방식으로 언론활동을 벌이고 있다. 그의 활동상은 〈르몽드 디플로마티크〉를 비롯해 〈TV5Monde〉, 〈Rue 89〉, 〈RFI〉에서 자주 볼 수 있다.

1. 르완다 '공공 서비스와 노동부', 〈젠더와 노동 시장〉 보고서, 2008년 1월 참조.
2. 카롤 만, 〈말라라이 조야와 진실의 용기〉, 웹사이트 Sisyphe.org, 2007년 11월 18일 참조.
3. 'Afghanistan approves amnesty for warlords', 〈Guardian Unlimited〉, 2007년 2월 1일.
4. 스테파니 타와 라마레왈, 〈인도의 여성들〉, Rayonnement du CNRS, n°47, 2008년 3월호.
5. 마틴 반 위킨스, 〈우리는 꽃이 아니다: 2세기에 걸친 인도의 페미니스트 투쟁〉, Albin Michel, 파리, p.95, 2010.
6. 마르고 바드랑, '이슬람 페미니즘의 현주소는 어디인가?', 〈Critique internationale〉, '오늘날 이슬람 페미니즘', 〈Les Presses de Sciences Po〉, n°46, 2010년 1~3월호, p.25.
7. Ibid., p.43.

혁명 이후의 튀니지 여성들

글 플로랑스 보제 | 〈르몽드〉기자

제인 엘아비디네 벤 알리 정권이 2011년 몰락했지만, 여성들 간 삶의 여건 차이는 사회적 불평등과 지역 간격차로 양분된 튀니지의 정치판을 그대로 반영하고 있다.

튀니지 여성들은 이미지를 먹고 산다. 초대 튀니지 대통령 하비브 부르기바는 아랍국가들 중 유일하게 여성해방을 선언했다. 1956년 도입된 개인지위법CSP이 일부다처제 및 일방적인 이혼과 강제결혼을 금지하고 이혼할 권리를 인정함으로써, 튀니지 여성들은 이슬람세계에서 예외적인 여성들로 거듭났다. 튀니지 여성들은 1959년부터는 투표권을, 1973년부터는 낙태권을 행사하고 있다. 또한 많은 여성들이 장관에 올랐다. 전 대통령 벤 알리는 세계 각국에 이런 '모든' 튀니지 여성들의 이미지를 선전했다.

하지만 2011년 1월 벤 알리의 독재정권은 몰락했고, 이후 튀니지 정부는 자국 여성의 '동일한' 이미지가 아닌 '서로 다른' 이미지를 수용해야 했다. 또한 CSP법과 이 법의 적용 사이에 크게 벌어진 틈이 있다는 사실도 인정해야 했다. 수도 튀니스에서 몇 킬로미터 떨어진 곳에는 의사, 변호사, 경영인 등 나름 사회적 성공을 거둔 여성들이 있다. 그들은 폭력과 빈곤, 미래에 대한 불안 속에 사는 문맹여성들의 생존을 위해 투쟁 중이다. 독재정권 몰락 후 몇 년간 변한 것이 많지는 않은 듯하지만, 튀니지 사람들은 정치활동과 표현의 자유를 쟁취했다. 이제 사람들은 숨 막히던 분위기에서 벗어났고, 자유로운 발언이 가능해졌다. 이것만 해도 상당한 변화다. 모든 사람들, 특히 여성들이 정치적 발언을 하는 데 주저함이 없다.

    시민사회의 핵심 인물이자 사회학자인 카디야 쉐리프는 "드디어 우리는 튀니지를 있는 그대로 볼 수 있게 됐다. 진짜 문제가 무엇인지도 알 수 있게 됐다. 이런 자유는 역효과를 내기도 한다. 우리의 기득권에 대해 의문을 제기하게 하기 때문이다. 그러나 적어도 우리 자신을 위협하는 존재가 무엇인지는 알 수 있게 됐다"는 말로, 반계몽적이거나 마초적인 발언을 맞받아쳤다. 2014년 1월 신규채택한 헌법에 '남녀평등' 대신에 '남녀 간 상호 보완성'이란 단어가 명시될 뻔 했다는 것을 모르는 사람은 없다. 또한 이슬람 정당인 에나흐다당 국회의원이었던 하비브 엘루즈(현재는 탈당한 상태)가 TV에서 내뱉은 구시대적 발언, 즉 여성의 할례를 '성형수술'처럼 말했던 것도 사람들은 기억한다.

이런 무개념한 발언에 뒤이어, 이슬람 정당이 합법화되고 이슬람 극단주의가 기승을 부리는 일이 발생했다. 그러나 대부분의 여성들은 위험해 보이는 상황에 저항했다. 2014년 12월 대선 때, 여성들은 몬세프 마르주키와 베지 카이드 에셉시 중 후자를 선택했다. 내재된 불안과 지하드의 위협으로부터 자신을 더 잘 지켜줄 사람이 에셉시라고 판단해 압도적인 표를 준 것이다. 여론조사기관 시그마에 의하면, 에셉시를 지지한 유권자는 전체의 56%, 여성의 75%로 나타났다.

국제인권연맹의 명예회장 겸 기자인 수하르 벨하센은 "여성들이 튀니지에서 전례 없이 이슈화되고 있다. 여성들은 투쟁에서 승리하지는 못했다. 헌법을 고치는 데는 성공했지만, 사람들의 정신을 바꾸지는 못했다"고 토로했다. 의대교수인 엠마므니프는 "대도시를 조금만 벗어나면, 전혀 현대화가 진척되지 않은 지역들을 볼 수 있다"고 지적했다. 소외지역의 발전에 깊이 관여하고 있는 므니프 교수는 "부르기바 정권 이후 튀니지에는 종교성보다는 보수성이 강한 문화 밖에 없었다. 따라서 다른 문화를 찾아나서야 했다"고 말했다. 가부장제도로 회귀하는 추세는 아니다. 하지만 세력 간의 마찰이 비공개적 또는 공개적으로 종종 발생한다. 하나는 튀니스와 수도권 북부를 중심으로 한 정교분리세력이고, 다른 하나는 전통과 이슬람 종교를 중시하는 세력으로 후자는 부르기바 정권과 벤 알리 정권 때 숨죽이고 있다가 다시금 힘을 키우기 시작했다.

튀니스에서 불과 110km 떨어진 베자 지역은 튀니스와는 딴판이다. 튀니스 북서부에 위치한 베자는 황새가 서식하는 농업지대다. 베자의 지속가능한 발전연합 회장인 호스티 압델 카림은 "여기 여자들은 죽어라 일하는데, 남자들은 집이나 카페에서 빈둥거린다. 튀니지에서 정작 소외된 이들은 시골여성이다"라고 지적했다. 게다가, 튀니지 국민의 34%가 시골에 거주하고 있다. 카림은 "튀니스에서 여성문제를 운운하는 이들은 아무 것도 모른다. 물을 길어 나르고, 장작을 날라야 하는 시골여성의 삶이 어떤 것인지 상상도 못할 것이다"고 덧붙였다.

베일을 쓴 여성과 쓰지 않은 여성들 간의 갈등

베자에서 몇 킬로미터 떨어진 완두콩 밭. 다섯 명의 여성들이 몸을 숙인 채 밭일을 하고 있다. 30세의 모니아는 노부모에 실업자인 오빠까지 부양하고 있다. 한 달에 며칠씩 일당 10디나르(약 4.8유로)를 받고 일하며, 매일 새벽 6시에 일어나 저녁 8시에 잠든다. 모니아는 "정말 힘들다. 문맹인 내가 밭일 말고 할 수 있는 게 없다. 일도 항상 있는 게 아니다. 밭주인도 형편이 어려워 몇 주만 일하거나 아예 쉬기도 한다"며 체념한 듯한 표정을 지었다. 베자에서 고등학교 체육교사이자 시골여성들을 위한 자원봉사자로 일하는 이착 가르비는 모니아의 삶은 베자 여성들의 보편적인 삶의 모습이라고 말했다.

"이곳 여성들은 몇 푼 벌겠다고 무슨 일이든 한다. 밭일, 소젖 짜기, 가축 돌보기, 트럭뒤에서 위험을 무릅쓰고 가축을 모는 일 등. 그러나 남성들은 푼돈을 받고 이런 일을 하지 않으려 한다. 하지만 여성들은 선택의 여지가 없다. 그리고 여성들이 특히 일에 집착하는 이유는, 그나마 일을 할 때 여성들은 자율성을 얻기 때문이다."

섬유는 튀니지 국내 총생산의 19%를 차지한다. 이 섬유회사들의 본거지는 모나스티르 내륙지역인데, 이 지역에 거주하는 여성들도 섬유회사에서 일할 기회가 거의 없다. 공장들이 하나둘씩 문을 닫고 있기 때문이다. 크사르 헬랄과 크시베에서는 최근 몇 년간 7천5백 명이 직장을 잃었다. 이 중 86%가 여성이었다. 자크 브뤼누어 글로벌은 벨기에 섬유그룹이다. 이 기업은 스웨덴 의류회사 헤네스 앤드 모리츠H&M와 스페인 의류회사 자라Zara에 섬유를 납품하고 있다. 자크 브뤼누어 글로벌의 고용주는 10년 넘게 일한 노동자들을 하루아침에 해고하곤 했다. 해고 노동자들 중 여성들은 교육의 혜택을 거의 받지 못해 재취업도 할 수 없다. 이들은 몇 푼 안 되는 연금으로 근근이 살아간다. 그 중 두 아이의 엄마라는 42세 여성은 "나는 직업병을 얻었고, 이제 쓸모없는 사람 취급을 받고 있다. 나는 사회보장보험 혜택도 받지 못하고 있다"며 한탄했다. 이어 또 한 여성이 자신의 상황에 대해 말하며 울분을 터뜨렸다. "나는 아이가 넷이나 있다. 간신히 재취업을 하긴 했지만, 불법노동이다. 급여가 3개월에 한 번 꼴로 나와서 사장에게 따졌더니, 그는 오히려 내게 화를 냈다. 벨기에 사장한테는 말 한 마디 못하고 착취당하더니, 자기가 튀니지 사장이라고 항의하는 것 아니냐면서 말이다."

공식통계에 의하면 일자리를 가진 여성은 1/4에 불과하다. 2014년도 실업률은 남성 12.7%, 여성 22.5%였다. 대졸여성 실업률은 더욱 높다. 남성 21.2%, 여성은 40%에 달한다. 2만 5천 명이 거주하는 크시베의 대체적인 인식은 "재스민 혁명 이후 모든 게 나빠졌다"는 것이다. 크시베의 여성들은 튀니스 여성들에 대해 반감을 표했다. 28세의 회계사 이브티헤네는 "마르사(튀니스 북부의 멋진 해변도시)에 사는 부르주아 여성들은 잘난 척해서 싫다"고 했다. 그의 친구인 프랑스어 교사 네주아도 "그들은 이기적이다"라고 맞장구친다. 이 두 여성 중 한 명은 베일을 썼고 다른 한 명은 쓰지 않았다. 이들은 평등한 재산상속에 대해서는 '마르사의 부르주아 여성들'과 뜻을 함께했다. 이들은 아들과 딸의 재산상속 비율을 2:1로 하는 것은 공평치 않다고 했다. 하지만 코란에 명시된 내용이기 때문에, 정부는 이 문제에 대해 법률을 제정할 수가 없다.

여성문제 상담소에서 자원봉사를 하고 있는 네주아는 "우리 조사에 의하면, 여성의 1/2이 물리적인 폭력을 겪고 있다"며 여성에 대한 폭력이 늘고 있는 것에 우려를 표명했다.

남부는 풍요롭진 않지만, 이곳 여성들은 자신들이 사는 곳이 좋다고 말했다. 그녀들은 "이곳 남성들은 열심히 일한다"며 웃었다. 자르지스와 메데닌, 제르바의 여성들은 베일과 긴 치마 차림이었다. 여성들은 모두 이슬람 스카프를 자유롭게 착용한다. 벤 알리 정권 때는 경찰이 강제로 스카프를 벗겼었다. 여성들은 당시의 고통을 회상했다. 경찰은 이슬람 가족을 괴롭히거나, 하루에 최대 8번까지 이들을 검문해 경찰서로 연행했다. 이런 만행은 총선 때 심판을 받았다. 이 지역에서 반기를 든 것이다. 튀니지 전체가 에나흐다당에 등을 돌렸지만, 남부의 보수층은 주저 없이 이 이슬람 정당에 표를 던졌다.

수도 튀니스의 사람들은 몬세프 마르주키(2011.12~2014.12. 튀니지 대통령)의 이름만 언급해도 반감을 드러내거나 분노했다. 그가 이슬람주의자들에게 관대했기 때문이다. 하지만 남부 사람들의 반응은 그 반대였다. 청바지차림에 보라색 두건을 쓴 40대 여성 나피사도 마르주키를 '정직한 의사'라고 평하며 그리움을 표현했다. 초등학교 교사이며 이혼한 경력이 있는 나피사는 지금 살고 있는 곳을 좋아한다. 나피사는 "사막처럼 뜨거운 날씨에, 교통시설도 없어 불편하지만 그래도 여기 사는 게 좋다. 가족이 있고, 아버지로부터 도움을 받을 수 있다는 것만으로 족하다"고 말했다.

엘메이 마을에서 가까운 제르바에 누르 엘후다가 살고 있다. 엘후다의 집에서 엘후다 사촌의 결혼파티가 열렸다. 성인 여성들과 소녀들은 모두 전통의상을 차려입고 베일을 썼다. 30세의 페르다우스는 "혁명 전 나는 무엇에도 관심이 없었다. 지금은 남편의 직조공장에서 일하고 있고, 곧 공장주가 될 것이다!"라고 외치며 크게 웃었다. 2011년까지만 해도, 정부를 두려워했던 남자들은 이제 아내가 눈에 띄게 행동하는 것을 두려워한다. 여성들이 스카프를 착용하거나, 단체에 가입해 투쟁하는 것은 금지돼 있었던 것이다. 그러나 페르다우스는 "지금은 내가 모든 권리를 쥐고 있다!"고 단언했다. 40대인 엘후다도 시민단체에 가입해 열정적으로 일하고 있고, 남편을 대신해 가정을 이끌어가고 있다. 인터넷 교육을 받은 그녀는 인터넷을 활용해 여성들에게 자녀들과 친해지는 법을 가르치고 있다. 다른 모든 엄마들이 그렇듯, 이곳의 엄마들도 자신의 아들이 지하드의 유혹에 빠질까 걱정하고 있다. 각 지역은 이슬람국가 조직에 병력을 파견하고 있다. 페르다우스는 "친하게 지내던 청년 4명이 시리아로 떠났는데, 그 중 한 명이 죽었다. 이슬람 극우세력도 아니고, 정상적인 청년들이었는데 이해할 수 없다"며 안타까워했다.

벤 알리 정권 24년간 한 번도 투표한 적이 없는 베스마 제발리는 현재 제르바의 에나흐다당 국회의원이 됐다. 대학에서 인적자원 관리를 전공한 활동적인 여성 제발리는 "수도 튀니스 여성들의 고정관념이 짜증난다. 튀니스 여성들은 베일을 안 쓰면 민주적인 여성, 베일을 쓰면 뒤떨어진 여성이라는 꼬리표를 붙인다. 우리는 베일을 쓰지만 민주적인 여성들이다. 베일을 쓰는지 쓰지 않는지는 중요하지 않다. 베일은 종교적인 의상에 불과하다"라고 강조했다. 튀니스의 여성들이 튀니지 여성 전체를 대표하는 것은 아니다. 제발리는 말했다. "튀니지 여성 대표라는 여성이 샴페인 잔을 들고 건배를 제안하면, 나는 이렇게 말한다. 당신은 소수의 일부에 불과하고, 당신이 술을 마시든 동거를 하든 당신 마음이다."

그럼에도, 투사라는 이름으로 하나가 된다

수도인 튀니스에 사는 사람들은 에나흐다당을 종종 살라피스트, 즉 근본이슬람주의자들과 동일시하고 있다. 튀니스 사람들 중 이슬람 정당(에나흐다당)의 변화 가능성을 염두에 두는 사람은 거의 없다. 그들은 "에나흐다당은 거짓말쟁이며, 이중적 언어를 쓰고 있다"고 비난했다. 반反계몽주의에 대한 처방으로는 어떤 것이 있을까? 튀니스 사람들은 모두 벤 알리 정권 이후 암울해진 교육부문을 긴급개혁해야 한다고 강조했다. 여성가족부 장관 사미라 마아리는 "내가 최우선적으로 관심을 두는 것은 아이들이다! 현재 90%의 유치원이 사설이다. 이 유치원들은 주로 이슬람 단체나 코란학교에 의해 운영되고 있다. 따라서 감시나 통제를 받지 않고 있다"고 주장했다. 초·중·고등학교에서 대학에 이르기까지, 모든 부문을 대대적으로 개혁해야 한다. 전직 대통령 마르주키는 "1970년대 정부의 노력으로 지금의 교육수준에 도달했지만, 현재 가장 우려스러운 것은 튀니지 대학들의 황폐화다"라고 주장했다.

이런 가운데, 많은 이들이 전통적인 사회모델이 지속될지 우려하고 있다. 여성가족부 국무장관 네일라 샤아반 하무다는 말했다. "여성들은 이슬람의 요구에 부합한 삶의 방식을 발전시켜왔다. 나는 이 방식이 유행이나 비참한 실상을 감추는 것이 아니라, 세월이 가도 사라지지 않는 깊은 의미를 지닌 것이라고 생각한다." 살라피스트로의 일탈 위험이 있다는 핑계로 이런 삶의 방식을 근절시키는 것이 옳을까? 튀니스에 사는 사람들은 그렇다고 답한다. 튀니스 외의 지역에 사는 사람들도 이런 삶의 방식이 반反생산적이라고 여긴다. 그것이 야기하는 경직된 생활 때문이다.

그럼에도 현재 튀니지 전 지역의 여성들은 결국 하나가 된다. "우리는 투사다. 우리는 그 어떤 것에도 굴복하지 않을 것이다"라는 모토 앞에서는 말이다.

글　플로랑스 보제 | 〈르몽드〉기자
　　정신의학자와 저널리스트를 넘나들다가 2000년 〈르몽드〉에 정식으로 입사, 11년간 튀니지 등 마그레브 지역을 취재한 후, 최근에는 개발 도상국들의 문제를 주로 다루고 있다.

내 몸에 대한 권리찾기,
칠레의 임신중절권 투쟁

글 줄리아 파스쿠알 | 기자 & 레일라 미냐노 | 언론인

앞서 본 프랑스 여성 실비 로젠버그 라이너의 일생(본문 82쪽)이 말해주듯, 임신중절권은 의식 있는 사람들의 용기 있는 참여와 치열한 투쟁의 산물이다. 칠레 대통령 미첼 바첼레트[1]는 공약을 지키기 위해 임신중절을 허용하는 법안을 준비 중이다. 그러나 이 법안이 발효된다 해도 수만 명의 여성들은 여전히 불법수술의 도움을 받을 수밖에 없다. 매우 심각한 3가지 상황(산모의 생명이 위태로운 경우, 태아가 기형아인 경우, 강간으로 인해 임신한 경우)에만 적용되는 법안이기 때문이다.

"열네 살 때였어요. 한 여름 날의 꿈같은 사랑이었지요. 임신할 수도 있다는 생각을 미처 못했어요. 어느 날 아침, 엄마가 임신테스트기를 주셨어요."

칠레의 오후 간식시간인 '온세' 즈음에, 카밀라(가명, 24세, 산티아고 출신)는 자신의 집 거실에서 필자와 차를 마시며 10년

전 일을 회상했다. 임신테스트 결과는 양성이었다. "엄마는 아무한테도 말하지 말고 우선 평소처럼 학교에 다녀오라고 하셨어요. 저녁에 집에 돌아오자, 엄마가 어떻게 하고 싶냐고 물으셨어요." 그녀는 임신중절을 하기로 결정했다. 카밀라의 엄마인 신시아(가명)가 말을 이었다. "이 일은 절대 비밀로 해야 한다고 카밀라에게 주의를 줬어요. 알려지면 제가 감옥에 갈지도 모르니까요. 전 불법적인 일을 많이 했거든요." 그녀는 아우구스토 피노체트 군사정권 당시 칠레 공산당의 무장군대였던 마누엘 로드리게스 애국노선에서 활동했었다. "임신중절 자체보다, 감정적으로 많이 힘들었습니다."

"40대 남자가 집으로 찾아왔어요." 카밀라가 말했다. "전 그 사람이 의사인지도 몰랐어요. 저한테 알약 4개를 주고는 약효가 나타나길 기다렸어요. 자궁이 수축되고 피가 흘렀어요. 욕조에서 사산을 했어요. 그 일은 잠깐 지나갔지만 충격은 2년 넘게 갔어요. 죄책감 때문에 몹시 우울했거든요." 카밀라는 원래 임신중절에 반대했었다. "임신중절은 끔찍한 일이라고 생각했었거든요. 그 당시에 제가 다니던 가톨릭학교에서는 소파술의 잔인한 장면이나 자지러지게 우는 아기 사진을 보여주곤 했으니까요. 그런데, 그 일을 겪고 나서는 생각이 바뀌었어요." 그녀는 18개월이 된 아들 아리엘이 거실 한 구석에서 노는 모습을 잠시 바라보다가 말을 이었다. "엄마가 되고 나니, 이제 아이를 원하는 마음이 임신에 있어 가장 중요하다는 걸 깨달았어요." 신시아는 언제나 딸 카밀라를 응원해왔다. "자기 의지에 따라 결정할 수 있어야 해요. 하지만 칠레에서는 임신에 있어서 여자가 결정할 수 있는 게 거의 없어요."

임신중절금지법을 금지하라!

2013년 의붓아버지의 반복적인 강간으로 11세에 임신한 벨렌의 이야기가 알려지면서 임신중절에 관한 논의에 다시 불이 붙었다. 이듬해에는 역시 강간으로 임신한 13세 소녀가, 그것도 태아가 심각한 병을 가지고 있음에도 임신중절을 할 수 없어 출산을 감행해야 했던 일이 있었다. 아기는 태어나서 몇 시간 만에 사망했다. 이렇게 연이어 끔찍한 사건이 발생하자, 칠레에서는 피노체트 군사정권 막바지에 공포된 '임신중절전면금지법'이 그대로 남아 있는 칠레 내부의 상황, 그리고 시대에 역행하는 법을 고집하는 일에 대해 재고해야 한다는 자성의 목소리가 나오기 시작했다.

임신중절에 대해 칠레만큼 강경한 입장을 고수하는 국가는 바티칸, 몰타, 엘살바도르, 니카라과, 온두라스, 아이티, 수리남 정도다. 쿠바, 푸에르토리코, 멕시코 주(2007), 우루과이(2012) 등에서는 임신 초기 12주 이내라면 특별한 사유가 없어도 임신중절이 가능하다. 이 지역 다른 국가에서는 치료적 유산[2]이 폭넓게 용인된다. 의사이자 유명한 칠레 여성운동가인 마리아 이사벨 마타말라 비발디 박사는 "칠레에서도 약 50년간 치료적 유산이 가능한 시절이 있었다. 임신이 산모의 건강을 위협하는 경우에 치료적 유산을 할 수 있었다. 실제로 인턴 때 수술을 한 적도 있었다. 그런데 시간이 지나면서 상황이 오히려 퇴보했다"고 설명했다.

민주주의가 자리 잡은 후, 의회에서 '임신중절전면금지법'을 수정하려는 시도가 10여 차례나 있었지만, 임신중절을 한 여성을 징역 3년에 처하는 관련법은 여전히 개정되지 않았다.

매년 '징역 3년'의 위험을 무릅쓰고 임신중절을 감행하는 여성은 최소 7만 명에서 최대 12만 명까지 추산된다. 마타말라 비발디 박사는 "칠레는 중남미에서 가장 임신중절률이 높은 나라다. 도미니카공화국과 비슷한 수준"이라고 강조했다. 또한 칠레에는 피임 관련 공공정책도 없어, 원하지 않는 임신율이 특히 높은 것도 문제다. 도미니카공화국이 2014년 12월 강간이나 근친상간으로 인한 임신, 기형아 임신, 산모의 생명이 위험한 경우 등에는 임신중절이 가능하도록 법을 개정하면서, 더 이상 칠레의 현행법 고수는 어려워졌다.

가톨릭의 거센 반대

2013년 대선 때, 좌파연합의 후보였던 전문의 미첼 바첼레트는

"세 가지 경우, 즉 강간으로 인한 임신일 때, 태아의 생존가능성이 희박할 때, 산모의 생명이 위험할 때에는 임신중절이 가능하도록 법을 개정하겠다"고 약속했다. 그렇지만 각종 사건사고가 발생하고, 2015년 초 의회에 관련 법안을 제출하라는 시위가 이어진 후에야 정부는 행동에 옮겼고, 국회위원회에서 법안이 채택되면서 첫 번째 고비를 넘겼다.

이 법안에 관한 토의는 다소 적대적인 분위기에서 시작됐다. "우리는 생명을 존중한다. 우리 보건센터 네트워크도 생명을 보호하는 곳이다. 이곳에서는 임신중절수술을 하지 않을 것"이라고 하원에 출석한 이그나시오 산체스 가톨릭대학교 학장은 경고했다. 가톨릭대학교는 칠레에서 가장 중요한 사설의료기관 네트워크, UC-크리스투스를 운영한다. 법이 임신중절을 허용한다 해도 이곳에서 일하는 1,200명의 의사들은 임신중절수술을 하지 않을 것이다.

2004년에 와서야 이혼이 법적으로 가능해졌고, 인구의 57%가 가톨릭신자임을 자처하는 나라에서 이들의 입장을 소수의견으로 치부하고 가볍게 넘기기는 어렵다. 마타말라 비발디는 "성당이 여전히 정부에게 압력을 가하고 있다. 그들은 정부에 자신들의 입장을 받아들이지 않으면, 브라질의 복음주의자들처럼 사회적인 압력을 가하겠다고 협박하고 있다"고 분개했다. 칠레 성당이 우파는 물론 집권한 좌파연합에 속한 기독교민주주의당의 지원까지 받는 상황이므로, 정계에 대한 성당의 압력은 힘을 발휘할 수밖에 없다. 2013년 대선 때 기독교민주주의당은 바첼레트가 내세운 임신중절 합법화 관련 공약에 합의했었다. 그러나 기독교민주주의당은 "소속 하원의원 21명 중 임신중절 합법화를 지지하는 이는 1/3 미만"이라고 밝혔다. 기독교민주주의당 부대표인 마티아스 워커는 "당원 대부분이 강간으로 인한 임신에 대한 중절수술 합법화에 반대했다"고 덧붙였다.

'치료적 유산' 여론 늘어

바첼레트 대통령은 아들 내외가 연루된 부동산투기사건으로 이미지에 타격을 입기도 했다. 하지만 국제기구의 권고사항을 최소한 준수함과 동시에, 의회에서 과반수를 유지하기 위해 자신을 지지하는 사람들의 반응을 살폈다. 2014년 말, 바첼레트 대통령이 여성기구 최초의 여성 총재로서 활동하던 국제연합UN 전문가단은 칠레에 "가부장적이고 보수적인 사회라는 굴레를 벗어던져라"고 촉구했다. 얼마 지나지 않아 여성운동단체도 임신중절 허용 관련 논의에서 목소리를 내기 시작했다. 2010년 설립된 성적 권리와 재생산권 수호를 위한 단체인 '마일즈Miles'가 대표적이다. 마일즈는 치료적 유산 합법화를 우선과제로 두고 있는데, 2014년의 한 여론조사에 의하면, 칠레인의 60~70%가 치료적 유산에 찬성한다고 했다.[3]

다른 단체들은 정부가 좀 더 나아가길 바란다. 2014년 설립된 '투쟁하는 여성운동가 연합'은 활동가가 1백여 명에 불과하지만 산티아고에서 임신중절 허용을 촉구하는 행진을 추진하는데 세 번이나 성공했다. 칠레 수도에 위치한 디에고 포르탈레스 대학교 역사학교수인 힐러리 하이너는 "바첼레트 대통령이 내놓은 법안은 계급의 문제를 전혀 고려하고 있지 않다. 경제적 여유가 있는 사람들은, 지금도 사설병원이나 외국에 가서 수술을 받을 수 있다"고 지적했다. 경제적으로 어려운 사람들은 어떨까? 칠레 생식의료학회 소속인 솔레다드 디아즈 박사는 "빈부의 차는, 안전한 임신중절수술의 가능성에서도 드러난다. 이런 불평등의 문제는, 임신중절을 허용하는 법만으로 해결할 수 없을 것"이라고 설명했다.

"현재 법안에서 승인하려는 세 가지 경우는 전체 임신중절 케이스의 2%에 불과하다"고 카롤리나(가명)는 강조했다. 그녀는 '칠레임신중절합법화연대' 소속이고, 이곳 소속 활동가들은 여성들의 자기결정권에 찬성하는 네덜란드 단체 '위민 온 웨이브'[4]에서 교육을 받았다. 그들은 매일 저녁 8시에서 밤 11시까지 콜센터를 운영하며 안전하게 약물임신중절을 할 수 있는 정보를 제공한다.

임신중절이 합법화되기 전까지는, 수천 명의 칠레 여성들이 암시장의 밀수꾼을 찾아갈 수밖에 없다. 이웃 국가에서 밀수입된 임신중절 알약인 미소프로스톨이 고가(4만~12만 칠레 페소, 약 55~146유로)에 거래된다. 이렇게 어렵게 구한 약도 적정 복용량을 제대로 지키지 못하거나 약효를 볼 수 있는 기간(임신 12주까지)이 지나 복용하는 일이 다반사다. 디에고 포르탈레스 대학교에서 발표한 보고서[5]에 의하면, 임신중절을 한 여성들이 출혈이나 감염을 비롯한 합병증을 겪을 때, 단지 건강상 위협에만 노출되는 것이 아니다. 그들이 병원을 찾으면, 무슨 일이 있었는지 '취조'를 받아야 한다. 그리고 성의 없는 치료를 받으며 심지어 비난을 사기도 한다. 산티아고 루이스 티스네 브루스 병원에서 일하는 전국산파연합장인 아니타 로만은 "불안한 표정의 여성들이, 무작정 병원에 온다. 그들은 심각한 상태가 되고 나서야 병원을 찾는다. 그러나 우리는 그들을 비난하지는 않는다"고 말했다. 칠레 가톨릭대학교의 마우리시오 베시오 박사 역시 "그들을 비난해서는 안 된다"고 강조했다.

칠레에서 임신중절은 강력범죄

그러나 2013년 칠레 여성 166명이 임신중절로 인해 비난의 대상이 됐다. "166명의 여성들 중 22명은 실형을 받았다"고 펠릭스 이노스트로자 검사가 지적했다. 그는 강력범특별팀장을 맡고 있는데 칠레에서 임신중절은 강력범에 속한다. "대부분은 감옥에 가지 않고 다른 형벌을 받게 된다"고 변호사이자 국제사면위원회Amnesty International 칠레지부장인 아나 피케르는 설명했다. 2015년 칠레 남성 6명이 징역을 살았다. 한 남성은 76세의 간호사였는데 반복적으로 임신중절수술을 수술했다는 이유로 2013년 818일의 징역형을 선고받았다.

앞으로 임신중절로 인한 실형선고는 줄어들 전망이다. 피케르는 "엘살바도르의 상황이 더욱 심각하다"면서 "그곳에서는 임신중절을 한 여성들을 감옥으로 내던진다"고 했다. 2015년 4월 국제사면위원회는 '17' 캠페인을 시작했다. 1999년에서 2011년까지 엘살바도르에서 살인범죄 가중처벌법으로 최대 40년까지 징역형을 선고받은 여성이 총 17명. 그래서 붙여진 이름이다. 이 여성들 중 과달루페 바스케스가 거의 10년을 감옥에서 보내고 풀려나자, 다른 여성들의 변호사들은 대통령 사면을 요청했다. 이런 움직임을 보면서, 칠레에 이은 엘살바도르의 임신중절법 개정을 기대하는 이들이 있다.

중남미 각지에서 임신중절 합법화를 위해 활동하는 단체들은 몇 년 전부터 연대망 구축을 위해 노력해 왔다. '칠레임신중절합법화연대'는 약물임신중절에 관한 실전지침서를 제작했고 이는 온라인과 오프라인에서 수천 부 배포됐다. 카롤리나는 "아르헨티나에서 발간된 중남미 첫 번째 지침서에서 영감을 얻었다"고 설명했다. 볼리비아도 이 지침서를 받아들였다. 이로써 진정한 범凡아메리카 네트워크 구축의 거점이 마련된 셈이다.

※   2015년에 작성된 이 기사는 칠레의 낙태 허용을 둘러싼 그동안의 논쟁을 보여주고 있다. 2017년 8월, 칠레는 낙태를 부분 합법화하는 결정을 내렸다. 단, 성폭행에 따른 임신이나 산모 또는 태아 위험시에 낙태를 허용한다는 원칙을 달았다.

글 줄리아 파스쿠알 | 기자
〈르몽드〉의 여성문제 전문기자로 〈리베라시옹〉, 〈코제트(Causette)〉 등에서 기자로 일했다. 주요 저서로 〈보이지 않는 전쟁(La Guerre Invisible)〉(레일라 미냐노와 공저, 2014) 등이 있다.
레일라 미냐노 | 언론인
프랑스 프리랜서 단체(Youpress)의 회원으로, 시리아 민주화운동인 '아랍의 봄'을 취재했다. 동료기자인 줄리아 파스쿠알과 함께 〈보이지 않는 전쟁(La Guerre Invisible)〉(2014)를 썼다.

1   Michelle Bachelet, 칠레의 제39대, 제41대 대통령. 사회주의 중도좌파 성향을 지닌 정치인. 산티아고 출신의 의사로 2000년 이후 보건장관과 국방장관을 지내면서 칠레의 대표적 여성정치인이자 사회당 지도자로 떠올랐다. 2006년 칠레의 첫 여성 대통령이 됐으며, 2010년 지지율 84%로 명예로운 퇴임 후, 2014년 재선됐다.
2   의학적, 법의학적 사유에 의한 인공유산(임신중절)을 말함. 본인 또는 배우자가 우생학적 또는 유전학적 정신장애나 신체질환, 또는 전염성 질환이 있는 경우, 강간에 의해 임신된 경우, 법률상 혼인할 수 없는 혈족 또는 인척 간 관계로 인해 임신된 경우, 임신의 지속이 보건의학적 이유로 산모의 건강을 심히 해하고 있거나 해할 우려가 있는 경우가 이에 해당된다.
3   'Encuesta nacional del instituto de investigación en ciencias sociales', 디에고 포르탈레스 대학교, 산티아고, 2014.
4   Women on Waves, '파도 위의 여인들'이라는 의미로, 1999년 설립된 이 단체는 임신중절이 금지된 국가의 외해, 즉 공해 상에 의료선박을 띄워 임신중절 시술을 한다.
5   Lidia Casas and Lieta Vivaldi, 'La penalizacion del aborto como una violacion des los derechos humanos de las mujeres', 인권보고서, 디에고 포르탈레스 대학교, 2013.

알제리의 성과 청년, 정치

글 피에르 돔 | 언론인

전통적이고 종교적인 사회 대부분이 혼전 성관계를 금지하지만, 어느 정도의 위선을 통해 위반되기 마련이다. 성행위에 관한 각종 지식이 인터넷으로 보편화된 요즘, 알제리에서는 혼전 성관계 금지에 대한 긴장감이 더욱 고조되고 있으며 때로는 고통스러울 지경에 이르고 있다.

오레스 산맥 중심부의 티펠펠 출신인 라바는 이제 막 바트나 대학에서 수학과 마스터2과정을 마쳤다. 23세의 라바는 우리가 성性에 관해 인터뷰한 또래 청년들처럼, 5분 만에 종교에 대한 이야기를 시작했다. 그가 특히 걱정하는 것은 하사나트Hassanate(삶에서 실천한 선행 점수)와 시아트Syiate(악행 점수) 간의 계산이다. 두 점수 간의 차이로 그가 천국에 갈 수 있을지 없을지가 결정된다. "하루에 다섯 번 모스크에서 예배를 올린다. 모스크에서 예배를 올리는 것이 집에서 올리는 것보다 하사나트를 27배 더 받을 수 있기 때문이다."

라바는 세 명의 여성과 교제한 경험이 있다. 제일 마지막 연인의 이름은 디크라라고 했다. "디크라와 1년 반 사귀었다. 아주 예뻤고, 집도 부자였다. 하지만 그와 키스한 적은 단 한 번도 없고, 손이나 뺨에 입을 맞춘 정도였다. 헤어진 지 1년 정도 됐는데 디크라에게 새 연인이 생겼고, 그와 키스한다는 이야기도 들었다. 내게 이제 그녀는 창녀Pute나 마찬가지다." 그는 결혼 전 여자와의 동침은 "완전히 생각조차 할 수 없는 일"이라고 했다. 그것은 신의 눈에는 범죄행위나 마찬가지이기 때문이다. 반면 그는 "매일" 자위를 한다. "그것이 금지된 행위라는 것을 알지만, 어쩔 수 없는 압력이 있다. 그리고 적어도 자위는 여자에게 애무당하는 것보다는 '시아트'를 덜 받는다."

물론 라바가 말한 내용이 전부 진실이라는 증거는 없다. 그러나 같은 알제리인들과 달리 자신을 평가하지 않는 외국기자에게는 솔직히 털어놓을 수 있을뿐더러(이름도 전부 가명처리), 이 젊은 샤우이Chaoui(오레스의 베르베르 족)의 증언은 알제리 전국 각지에서 수집한 50여 개의 증언과 일맥상통했다. 물론 약간씩 차이는 있다. 우아르글라의 대학교 5학년생인 26세의 누레딘은 대학교 2학년생 사라와 꽤 진지한 관계다. "사귄 지 6년째고, 부모님들끼리도 아는 사이이다. 신께서 바라신다면, 우리는 곧 결혼할 것이다." 친구들 대부분과는 달리 누레딘은 차가 있기 때문에 단둘이 탈출하는 것이 가능하다. "우리는 입에서 입으로 사랑을 나눈다. 애무도 하지만, 넘어서는 안 될 붉은 선이 존재한다. 동침? 절대 안 된다. 이슬람 교리에 어긋나는 일이다. 그리고 나는 사라를 존중한다. 우리는 함께 걷고 이야기하며 많은 시간을 함께 보낸다. 공원에서 놀고, 동물원에도 가고, 저녁 6시가 되면 대학교 기숙사에 그녀를 데려다 준다. 그 후에는 휴대폰으로 통화한다."

다른 젊은 남성들과 마찬가지로, 누레딘에게는 휴대폰 번호가 여러 개 있다. 하나는 부모님 전용 번호, 하나는 자정부터 오전 6시까지 무제한 통화가 가능한 애인전용 번호, 그리고 마지막 하나는 '여자친구들'을 위한 번호다. 그는 웃으며 말했다. "내가 '드리블라쥬Driblage'를 하는 건 사실이다. 하지만 그 여자들과는 그저 즐길 뿐, 진지한 관계가 아니다." '드리블라쥬'란 넷(페이스북, 스카이프 등)상에서 만나거나 친구들에게 받은 전화번호로 알게 되거나, 혹은 거리에서 헌팅한 여러 여성들과 노는 것을 뜻한다. "한 가지 확실한 게 있다면, 이런 관계는 단지 섹스하기 위해서라는 것이다." '섹스하다'라는 것은 조용한 구석을 찾아 키스하고 서로의 살을 애무하고 "만약 가능하다면 후배위 성교까지 가는 것"이다. 그러나 절대로 질 삽입은 하지 않는다. "그건 금지된 일이다. 그리고 나는 사라와의 결혼 첫날밤을 위해 동정을 지키고 싶다."

알제 출신인 아미라는 히잡을 쓰고 생활하며, 부모의 집에서 멀리 떨어진 도심지의 소형 아파트에 혼자 산다. 고고학 박사

학위 과정을 밟고 있는 30세의 아미라는 여전히 "확실한" 처녀이며 그 연령대의 대부분 여성들처럼 미혼이다. "하지만 성적 충동이 있는 것은 사실이다. 그래서 포르노 영화를 보며 자위를 한다." 아미라는 아직 진정한 연인을 찾지 못했지만, 아미라가 부르면 언제든 올 수 있고, 그녀를 "평가하지 않는" 좋은 남자친구가 있다. "그를 두 번 불렀다. 우리는 애무했고, 기분이 좋았다. 하지만 그 이상은 절대 하지 않았다." 이런 일에 대해서는 아무도 모른다. "알제리에서 살고 싶으면, 가족과 친구들, 남자친구 모두에게 거짓말을 해야 한다. 심지어는 자기 자신에게조차 말이다."

알제리 청년의 혼전 성생활, 연애에 관해서는 그 어떤 연구도 존재하지 않는다.[1] 2006년 알제리 언론에 실린 기사에 의하면, 인류학자 압데라만 무사위는 이슬람의 섹스 금지에서 빠르게 벗어나게 해주는 계약결혼(우르피urfi와 미시아르misyar)에 대한 잠재적 수요를 조사했다. 그러나 현상의 실제 규모에 관해 그 어떤 단서도 주지 못했다. 그러나 알제리의 15개 도시(알제, 오란, 아나바, 베자이아, 티지우주, 우아르글라, 츨레프 등)에서 수집한 증언은 이렇다 할 지역적 차이도 없이 비슷하며, 조사를 진행한 연구자들과 전문가들의 생각과 일치했다. 오란의 의학자 젤라울 하무다는 "알제리 청년 대부분에게 여성의 처녀성은 넘을 수 없는 선으로 남아 있지만, 그 외의 것에 관해서라면 미혼인 청년들은 모든 형태의 성을 즐긴다"고 말했다.

그러나 20년 만에 평균 결혼연령은 상당히 늦춰졌다. 이는 직장과 주거를 구하기 어렵기 때문이다. 오늘날 알제리 여성과 남성의 평균 결혼연령은 각각 30세, 34세에 이른다. 그 수가 기하급수적으로 늘어 오늘날 150만 명에 달하는 대학생들 간에도 평균 결혼연령은 계속 늦춰지고 있다. 알제리에서 35세는 '청년'에 속하며 (전체 인구의 66%) 40세에도 여전히 미혼인 여성을 종종 만날 수 있다. 이는 알제리 여성 중 교육수준과 직업 성취도가 가장 높은 여성들로, 그들의 지성과 독립성을 수용할 남성을 만나지 못한 경우다. 아나바의 '좋은 가문' 출신인 43세의 기자 카디자는 말했다. "내 명의로 된 아파트가 있지만 거기에 살 수는 없다. 거기에 살면, 사람들은 미혼인 내가 집에 남자를 들일 거라고 생각할 것이다. 그리고 그것은 우리 가족에게 수치가 될 것이다."

첫 성적 충동에서부터 결혼이라는 머나먼 순간까지 이 긴 세월 동안 어떻게 성욕을 다스릴까? 이런 질문은 엄청난 금기다. 부모에게도, 형제자매 간에도, 심지어는 절친한 친구에게도 성에 관해서는 말하지 않는다. 티지우주에서 만난 청년 이디르가 농담처럼 말하듯, "여자와 첫 경험을 할 때 도움이 되는 자료라고는 포르노 영화가 전부"다. 이는 이슬람교와 긴밀하고도 강박적인 관계를 맺고 있는 대다수 청년들의 고민거리기도 하다. 〈오란일보〉의 유명 논설위원이자 알제리의 가장 유력한 연구자 중 한 명인 카멜 다우드는 이렇게 분석했다.

"알제리 청년들은 먹고 살 걱정은 하지 않는다. 부모님 집에서 생활하며, 석유 덕택에 국가지원금에 의존할 수 있다. 그렇지만 여가를 즐길 공간이 없다. 도시마다 수영장과 도서관, 운동장, 영화관, 극장 등이 있어야 한다. 하지만 아무것도 없다."

켈투마 아기스는 매춘이라는 주변 주제를 연구하며 알제리 청년들의 성생활에 관심을 가지게 됐다. 오란 사회문화인류학 연구소Crasc의 박사학위 준비자인 아기스는, 여성인 논문지도 교수에게 누가 될까봐 교수의 이름을 밝힐 수 없는 것에 양해를 구했다. "알제리 청년들이 성생활을 하려면 서로 완벽한 조화를 이루고 있는 세 가지 금지에 맞서 싸워야 한다. 이 세 가지 금지는 종교와 관습, 그리고 형법이다." 실제로 알제리 형법 333조는 "공공외설죄를 저지른 사람은 2개월에서 2년의 징역형과 500~2,000디나르(약 5~20유로)의 벌금형에 처할 수 있다"고 명시하고 있다. 알제리 판사들은 키스나 애무를 하다가 들킨 미혼 청년들에게 이 조항을 종종 이용하고 있다.

외국인이 알제리에 오자마자 깨닫게 되는 사실이 있다. 공공장소에서 눈에는 띄지만 과시적이지는 않은 이슬람교가, 대화에 깊숙이 침투한다는 것, 특히 성에 관한 주제에서는 특히 그렇다는 것이다. 이슬람교는 혼전 성 행위를 엄격히 금지한다. 알제의 심리학자 칼레트 아이트 시둠(국제 심리학 협회에 소속된 유일한 알제리인 회원)은 다음과 같은 설명을 내놓는다. "알제리 청년들은 남자고 여자고 할 것 없이 완전한 혼란에 빠져 있다.

자신들의 성욕을 실제로 충족시키기는 불가능하고, 허용되는 몇몇 성적 경험 후 죄책감에 시달리는 것이다. 이슬람교는 그것이 강요하는 금지를 사회적으로 높이 평가하는 설명을 제공하는 동시에, 자신들의 충동을 제어하게 해주는 집단적인 틀을 제공한다. 어떻게 보면 보이스카우트나 축구팀 서포터즈와 비슷한 것이다."

한 가지 떠오르는 일화가 있는데, 2013년 9월 알제의 어느 소규모 행동주의 단체가 알제 중심부의 텔렘니 다리 철조망에 '사랑의 자물쇠'를 걸러 오라고 커플들에게 제안했다. 커플들이 걸어놓은 자물쇠로 장식된 파리의 다리들을 본떠 '자살 다리'로 알려졌던 텔렘니 다리를 탈바꿈하자는 것이었다. 그날 저녁, 이슬람식 카미Qami(남성들이 입는 전통 복식-역주) 차림의 거리 청년들이 와 '서구적 퇴폐의 상징인 불경한' 자물쇠를 뜯어버렸다. 이후 모두가 감정 발산의 공간인 인터넷과 SNS상에서 분노를 표출했다. 칼레드 아이트 시둠은 조소하듯 말했다. "내 고향인 카빌리에는 '배 속에 건초가 들어 있어야 불을 무서워한다'라는 속담이 있다. 내면에 쌓인 것을 더 이상 제어할 수 없는 사람을 자극하면, 그는 당장 시동을 걸어버리고 만다. 즉, 두 진영 모두 성적 충동과 공격 충동으로 움직였다는 것이다. 단지 이슬람 운동 단체 쪽이 자금이 상당해 늘 그쪽이 이길 뿐이다."

알제리 청년들의 어깨를 무겁게 짓누르는 또 다른 장애물이 있다. 관습, 그리고 사회적 감시라는 끝없는 부담이다. 베자이아의 어느 카페에서 만난 24세 사이드는 이렇게 설명했다. "알제리에서는 금기를 어길 수 없다. 이성과 선을 넘는다거나, 심지어는 부모에게 '젠장'이라는 말도 못 한다. 그랬다가는 당장 쫓겨난다. 아무 것도 없이 부모에게 쫓겨나서 무엇을 할 수 있겠는가." 마을의 모든 골목, 모든 건물에서 모두가 서로 감시한다. 그러니 사랑하는 커플이 만날 수 있는 장소는 거의 없는 것이다. 시골이든 도시든 사생활을 보장하는 공간을 찾기란 거의 불가능하다. 카페는 커플이 눈을 마주치고 손을 잡기에 괜찮은 장소다. 여기서 좀 더 진도를 나가려면, 도시마다 손에 꼽히는 장소가 몇 개 있다. 알제 중심부의 갈랑 공원이나 시험 공원, 베자이아의 브리즈 드 메르 해안도로, 오란의 프롱 드 메르 해안도로다. 알제 지방의 주민들에게 로맨틱한 분위기를 위한 '머스트 투 두'는 티파자의 고대로마 폐허를 산책하는 것. 하지만 조심해야 한다! 부모들과 아이들이 자주 다니는 이 장소에서는 관리인이 커플들을 엄격하게 감시하는데, 가벼운 키스 정도도 '가족'에게는 심각한 모욕으로 치부될 수 있다.

그보다 더 진도를 나가고 싶다면, 적당한 장소를 찾기가 매우 어렵다. 이성친구를 집에 데려오는 것은 생각할 수도 없는 일이며 (집에 가족이 있거나, 혹 없더라도 감시하는 이웃이 있다) 몇 시간 집을 빌려줄 친구를 찾기도 하늘의 별 따기다. 기숙사 방에서 '그 일'을 하기란 역시 불가능하다. 알제리에서 대학교 기숙사는 엄격하게 남녀가 분리돼있고, 각 기숙사가 넘을 수 없는 높은 벽으로 둘러싸여 있다. 유일한 예외인 베자이아의 기숙사는 '남녀 공용'이라 불리는데, 벽 안쪽에 여자 기숙사 건물이 남자 기숙사 건물과 함께 위치해 있기 때문이다. 하지만 각 건물에 다른 성별의 사람이 들어가는 것을 엄격하게 금지한다.

해가 떨어지면 연인들은 '거리의 사랑'을 나눈다. 작은 체육관 뒤편 음산한 길의 쓰레기 더미 한복판에서 청년들은 뜨거운 키스를 나누고, 벌려진 적이 없는 옷섶 사이로 손이 들어가 서로의 살을 애타게 찾는다. 2013년 12월, 에나하르 TV 채널이 방영한 다큐멘터리에는 맥주를 마시거나, (전 알제리 대학교 기숙사에서 엄격하게 시행되는) 야간 통행금지 이후에 나가 남자를 만나는 여학생들의 모습이 몰래카메라로 촬영돼 방영됐다. 이미 다큐멘터리 제작진에 의해 오명을 쓴 이 학생들은 알제리인 대다수에게 신랄하게 비난당했다.

요컨대 앞서 누레딘이 말했듯, 차가 있으면 좋다. 익숙한 장소로 차를 몰고 가면 되기 때문이다. 차가 없으면, 버스를 타고 으슥한 덤불이 있는 커다란 공원으로 갈 수도 있을 것이다. 알제에서는 벤 아크눈 공원이 모든 판타지를 충족시킨다. 그곳에서는 나무가 우거진 산책로에서 느닷없이 튀어나오는 수많은 커플도, 히잡에 긴 망토 혹은 겔라비야Gellabiya(원피스 형식의 민속의상. '젤라바'라고도 함-역주) 차림의 여성도 찾아볼 수 있다. 벤 아크눈 공원의 산책로에서 만난 무라드는 '두 가지 공포'에 대해 말했다. "자동차와 공원에서는 항시 대기 중인 경찰과 불량

배, 두 가지 공포에 떨어야 한다. 경찰에 걸리면 감옥에 갈 수도 있다. 그리고 여자에게 최악의 경우는 경찰이 그녀의 아버지에게 전화하는 것이다. 불량배들은 어디에나 있고, 당신이 경찰에 신고할 수 없는 상황임을 알기에 못할 게 없다. 가진 것 전부를 뺏는 건 물론, 여자의 몸에 함부로 손댈 것이며 당신의 목에 칼을 들이댈 수도 있다."

여유가 있는 이들은 호텔룸을 빌리기도 한다. 보통 두 개를 빌리는데, 더블 룸 하나를 빌리면 호텔 직원이 가족대장을 철저하게 요구하기 때문이다. 한편 청년들에게는 비용 부담이 크고 또 최악의 행위로 여기는 매춘은 유부남들이 특히 애용하며, 도시에 잠시 머무르는 시골 청년들이 가끔 이용하기도 한다. 매춘은 알제리 청년들의 성적 체험에는 거의 포함되지 않는 것처럼 보인다. 게다가 알제리에는 공식 윤락업소가 오란과 스키다, 틴두프 단 세 곳밖에 존재하지 않는다. 그렇지 않으면 매춘은 주로 메르케즈Merkez(창녀촌으로 변해버린 주택의 일종, 소유주와 지역 책임자 간의 관계에 의해 어느 정도 용인됨)나 오란, 알제, 베자이아 연안의 선술집, 그리고 몇몇 호텔에서 행해진다.

의학박사 하무다는 "젊은 알제리인들은 상당한 수준의 성적 욕구불만을 안고 살아간다. 질 삽입을 제외한 나머지를 누리고 있다 하더라도 이들의 성생활은 매우 속박당하고 있으며, 욕구불만의 수준은 유럽의 욕구불만 수준보다 훨씬 높은 것이 틀림없다"고 설명했다. 이런 욕구불만은 인터넷과 휴대폰의 혁명으로 어느 정도 해소될 수 있었지만, (베자이아에서 만난 히잡 차림의 매력적인 젊은 여성 디히야는 "새로운 만남의 천국"이라며 열광했다) 이 마법의 도구는 양날의 검이다. 심리학자 아이트 시둠은 지적했다. "우리가 아는 것과는 반대로, 최근 몇 년간의 인터넷 대규모 접속 현상은 욕구불만을 감소시키지 못했다. 오히려 지금까지 몰랐던 세계의 문을 열어놓고는, 새로운 욕구를 충족시킬 방법은 주지 않아 청년들의 욕구불만은 상당히 높아졌다."

2014년의 알제리에서 청년들의 유일한 여가 공간은 '사이버 카페'다. 모든 도시와 마을에서 찾아볼 수 있는 사이버 카페에는, 수수한 방안에 벽을 마주 보고 모니터와 컴퓨터가 약 스무 대 늘어서 있다. 침울한 분위기에, 사람들 간에 대화는 없으며 각자 페이스북이나 스카이프, 채팅방에서 우연히 만난 '친구'와 '대화'하느라 몇 시간을 보낸다. 혹은 새로 나온 짤막한 포르노 영상을 조심스레 다운받거나. 이와 함께 인터넷 개인 전용선을 갖추는 집이 점점 늘어, 청년들은 자기 집에서 도망쳐 나와 낮이고 밤이고 몇 시간씩 보낼 수 있게 됐다.

이런 욕구불만의 결과로 중 하나는, 젊은 남성들이 번잡한 길가에서 젊은 여성들을 쳐다보고, 말을 걸 때 나오는 공격성이다. 각각 22세, 23세의 노르딘과 바시르는 무직 상태의 배관공 견습생으로, 오란의 커다란 쇼핑거리인 라비 벤 므히디의 아치형 통로를 걷고 있었다. 그때 '평범한' 차림, 히잡으로 머리를 감싸고 여러 겹의 옷에 겔라비야까지 걸쳐 몸의 선을 덮어버린 젊은 여성들이 길을 지나갔다. 두 남자는 아주 상스러운 단어를 던지며 수작을 걸었는데, 여성들이 응하지 않자 즉시 '창녀'라고 부르며 대하기 시작했다. 이 단어는 알제리에서 자주 사용되는 것으로, '매춘부'라기보다는 '쉬운 여자'라는 의미가 더 강하다.

켈투마 아기스가 이 단어에 대해 설명했다. "창녀라는 단어(아랍어로는 카하바Qahaba)는 정숙하지만 사회적 기준이 강요하는 것보다 독립적인 삶을 열망하는 모든 여성을 지칭하는 데 사용된다. 이런 독립의 표시는 가사 공간(집안일이나 요리를 거부) 혹은 공공장소 모두에 연관될 수 있다. 가령 옷차림이나 담배, 걷는 방식, 특정한 시간에 특정한 장소에 있었다는 단순한 사실로 말이다. 이런 성적이지 않은 수많은 기준 중 하나를 어기는 시점부터 여성은 그 즉시, 상황이 준비된다면 얼마든지 성적 기준을 어길 수 있는 것으로 치부된다." 인터뷰에 응한 젊은 남성들은 모두 프랑스에 이민 간 알제리 노동자들의 딸을 '창녀'로 간주하고 있다. 알제리 사회의 '반계몽주의'를 고발할 준비가 됐다는 오란 출신의 모크타르는 이렇게 말했다. "너무나 명백한 일이다. 그들은 얼마든지 데이트를 하고, 히잡도 쓰지 않으며 담배도 핀다. 길거리에서 애인과 키스도 서슴지 않는다. 창녀가 아니고 무엇이겠는가."

알제 바브 엘 우아드 병원의 임상심리학자 날리아 하미시는 이렇게 분석했다. "이런 성적 욕구불만은 잠재적이며 굉장히 강력한 공격성과 결합한다. 알제리 역사는 식민지 시대의 억압,

해방전쟁, 1990년대 내전 등 폭력의 트라우마로 점철돼 있다. 성적 욕구불만이 더해진 이 트라우마는 알제리인들을 충동 속으로 몰아넣는다. 실제로 거리에서 남자들은 기회를 노리며 공격할 태세를 갖추고 있다." 각 도시에는 여성들이 특정한 시간, 대부분은 해가 떨어진 뒤 특정 장소에 있는 것을 금지하는 암묵적 규칙들이 있다. "이를 어기는 여성들은 성폭력을 당할 가능성이 높으므로 조심해야 한다." 우리가 만난 여성들 다수가 성적 접촉을 겪은 적이 있고 몇몇은 강간당하기도 했다. 날리아 하미시는 "병원에서 진찰할 때 가정이나 학교, 모스크 등에서 일어난 근친상간이나 소아성애의 경우를 많이 접한다. 피해자들은 발설하지 않는데, 아무도 그런 이야기를 듣고 싶어 하지 않기 때문"이라고 설명했다.

알제리 청년들의 성에 관한 이런 상황은 몇몇 사회적, 정치적 현상을 이해하게 해주는 열쇠 중 하나라고 할 수 있다. 날리아 하미시는 이렇게 덧붙인다. "성적 미성숙과 경제적 의존 등 모든 것이 딱 들어맞는다. 정기적인 석유수입 덕분에 청년들은 국가에 완전히 의존하는 상황에 놓였다. 이들은 일할 필요도 없다. 정부가 이들에게 노력이나 성과 없이도 최소한의 돈을 받을 수 있는 장치를 마련해주기 때문이다. 이런 미성숙한 의존의 상황은 가족이라는 일차적 집단 내부에서부터 존재한다. 30세, 35세, 심지어 40세에도 어린아이인 이들은 성적인 성숙함이나 정치적인 성숙함에 대한 권리를 인정받지 못한다."

우리가 만난 청년들은 대부분 투표경험이 없으며, 알제리에서 정치활동, 사회활동, 단체활동의 가능성이 없다는 사실에 '진저리'를 쳤다. 그렇다면 그들에게는 무엇이 남을까? 스포츠 경기가 있는 밤이나 산발적으로 일어나는 도시의 소요사태가 전부이다. 금요일만 빼고 매일 전국 각지에서 어느 구역의 단수사태 때문에, 늦어지는 가스관 연결 때문에, 지켜지지 않는 거주지제공 공약 때문에, 치워지지 않은 쓰레기통 때문에 사람들은 거리로 나와 소리를 지르고 이웃을 모아 타이어와 쓰레기통에 불을 지른 뒤 집으로 돌아간다. 심리학자 아이트 시둠은 "거리의 소요 사태는 긴장감을 떨어뜨리기 위한 기분 전환이다. 그러나 이는 오늘날 심각한 정도에 이른 긴장감에 비하면 하찮은 수준에 불과하다. 우리의 위정자들은 이렇게 축적된 긴장감이 오늘날 시한폭탄이 될 수 있다는 사실을 이해하지 못한다"고 지적했다. 축구도 마찬가지인데, 월드컵 국가대표팀의 승리 때마다 사망자와 부상자가 속출했던, 상식을 벗어난 듯한 환희의 장면도 그 일종이다. 날리아 하미시는 "축구 경기장 혹은 승리한 밤의 길거리는 우울함과 맞서 싸우는 흥분의 장이 된다. 흥분을 통해 자신에게 여전히 살아 있다는 환상을 주는 것이다."

그러나 이런 '흥분'의 기회는 너무 드물다. 남은 것은 프랑스로 이민을 가거나(2013년 프랑스 영사관에는 3,800만 명에 대해 50만 건의 비자요청 등록)이나 해상 밀입국(하라가harraga 현상)의 위험을 무릅쓰거나 시리아로 지하드(성전聖戰)를 하러 떠나는 것뿐이다. 자살률도 높을 테지만 다른 것과 마찬가지로 국가는 이에 관해 어떤 수치도 제공하지 않고 있다. 이런 성적 제한은 가장 개방적일 것이라고 생각했던 곳에도 존재한다. 34세의 신문기자인 행동주의자 모한드는 알제리의 가장 행동적인 활동가들 단체의 회원이다. 그는 솔직하게 말했다. "활동가들이 우리 집에 올 때면 아내를 카빌리에 있는 친정으로 보낸다." 대체 왜? "당연하지 않나. 우리는 술담배가 일상적인데, 아내가 불편해한다." 알제리의 사회 운동을 연구하는 베를린 대학의 정치학자 나우알 벨라크다는 다음과 같이 결론을 내린다.

"알제리 남성들이 여성들과 함께 거리에서 시위를 한다면, 그것이야말로 알제리의 진정한 정치적 변화를 알리는 신호탄이라고 할 수 있을 것이다."

글 피에르 돔 | 언론인
1966년생, 대학에서 문학을 전공한 그는 여러 매체에 외국에 거주한 경험을 살려 다양한 글쓰기를 했으며, 1996년부터 〈르몽드 디플로마티크〉와 인연을 맺어 여성과 문화에 관한 글을 기고하고 있다. 주요 저서로, 〈2차 세계대전이후의 인도차이나 노동자들(Les travailleurs indochinois de la Seconde Guerre mondiale)〉(2012), 〈마지막 금기, 1962년 이후 알제리에 남은 프랑스군의 원주민 보충병(Le Dernier tabou, les "harkis" restés en Algérie après 1962)〉(2015) 등이 있다.

---

1 압데라만 무사위, '알제리의 축복받은 결연: 이슬람의 새로운 결혼관계', L'Année du Maghreb, n° 6, CNRS éditions, Paris, 2010년

멕시코 여성 재소자들이 교도소에서 찾은 자유

글 카티 푸레즈 | 프랑스 릴3대학 강사

산타마르타아카티틀라 여성교도소에 수감된 1,900명의 재소자는 교도소 생활에서 징계와 처벌에 의한 폭력에 노출돼 있다. 하지만 2009년 7월 진행된 글쓰기 교실에 참가한 재소자들이 밝힌 내용은 사뭇 놀라웠다. 일부 재소자들은 남성이 없는 이 공간에서, 자신의 과거와 정체성을 더 잘 이해할 수 있게 됐고 심지어 어느 정도 해방감을 느낀다고 밝혔다.

산타마르타아카티틀라(이하 산타마르타) 여성 전용 사회재적응센터는 2004년 3월 29일 문을 열었다. 산타마르타는 멕시코의 수도인 멕시코시티에서 가장 폭력이 심각하고 극빈 지역인 델레가시옹데이츠타파라파 지역에서 가깝다. 구치소이자 장기 복역수를 수감하는 중앙교도소이기도 한 산타마르타 교도소는 약 1,600명을 수용할 수 있게 설계됐지만, 2011년에 집계된 재소자는 1,900명이 넘는다.

〈멕시코 여자 교도소 풍경들〉, 2004-파트리샤 아리지스

    8각형 요새 형태의 교도소는 실용주의 철학자 제러미 벤덤이 1791년 구상한 판옵티콘Panopticon(원형감옥-그리스어로 '모두'를 뜻하는 'Pan'과 '본다'는 뜻을 지닌 'Opticon'의 합성어로, 중앙의 원형공간에 높은 감시탑을 세우고, 감시탑 바깥의 원둘레를 따라 죄수들 방을 만들도록 설계됐다-역주)을 모델로 했다. 최소비용의 최대효과를 내려는 경제적 목적에서 출발한 벤섬의 판옵티콘은, 반투명유리로 된 전체 시설을 중앙타워에서 항상 감시할 수 있도록 설계됐다. 산타마르타 교도소는 나선형으로 된 통로를 따라 격자형 철창 벽이 이어져 있고, 재소자들은 매분 매초 감시된다. 재소자는 자신이 감시당하고 있다는 사실을 알 수 없지만, 누군가가 늘 그들을 감시한다는 것은 확신할

수 있다. 이런 구조는 다른 재소자가 상대방은 모르게 동료 재소자를 볼 수 있게 설계됐다는 점에서 일종의 '상호 고발 시스템'이다. 이에 따라 교도소 내 징계와 처벌의 공간이 자연스럽게 형성되는데, 이는 미셸 푸코가 말한 '실질적 처벌 공간'인 것이다.[1] 어디를 지나치든 시설 안에서는 동일한 구조에 다다른다. 수직으로 길게 홈이 파인 시멘트벽 때문에 복도는 실제보다 훨씬 넓어 보인다. 감방과 수수한 농구장, 원형 통로가 홈을 따라 구분된다. 복도는 지그재그로 돼 있거나 구부러져 있어 자동으로 걸음이 멈춰지고 현기증을 일으키기도 하는데, 통로를 지나치는 사람들을 어떤 형태로든 통제하려는 듯하다. 철저한 정형학적 메커니즘을 통해 재소자의 운동성을 일정하게 유지하고, 충동적이고 어두운 성향을 억제하도록 하는 것이다.

미로 속을 떠도는 감각의 요지경

재소자의 목소리가 교묘히 뻗어나가는 곳도 복도다. 교도소에서 남이 식별할 수 있을 만큼 분명하게 말하려면, 목소리의 음색을 적절히 조절해야 한다. 교도소 특유의 고독조차 시끄럽게 들끓는 소음 속 적막함 사이에서 만들어지기 때문이다. 끊임없이 변하며 제가끔 불협화음을 이루는 소리가 모여 하나의 목소리로 건물 안에 울려퍼진다. 안쪽에서 흘러나오는 음악과 힙합과 쿰비아(콜롬비아 해안 지방의 흑인계 댄스 음악)를 배우는 '아마조네스들'이 박자를 맞추는 소리다. '우–' 하는 야유와 큰 웃음소리, 불만을 토로하는 소리가 농구장에서 흘러나온다.

이것저것이 뒤섞인 혼잡함 속에서 터져나오는 귀를 찢는 비명에는 아무도 관심을 두지 않고, 오직 비명 지를 힘 말고는 아무것도 남아 있지 않는 이만이 자신이 내지르는 비명을 듣는다. 소란을 피우는 어린아이들의 시끄러운 소리가 들린다.[2] 아틀리에가 있는 곳에서 의자를 타일 바닥에 끄는 소리가 들린다. 남성교도소 쪽으로 난 계단 벽 쪽에 갇힌 재소자들이 가족 소식이며 사랑의 말이며, 갖은 모욕과 외설적인 말, 야유와 조소를 던지며 내는 소리가 귀를 멍하게 했다. 멀리 떨어진 다른 교도소의 남성 재소자를 향한 욕구와 이로 인한 갖은 밀약의 말이 난무했다. 집단적인 웅성거림과 무언가가 부딪히며 나는 소리, 경쾌한 소리가 갑작스럽게 울리는가 하면, 불평불만이 끊임없이 울려나온다.

끊임없는 웅웅 소리와 함께 잡다한 냄새가 사방에 퍼져 있다. 코를 찌르는 살균소독제 냄새가 강하지만, 거기에는 막힌 화장실에서 풍겨나오는 악취가 섞인 쇠 냄새와 통로를 채운 땀 냄새도 섞여 있다. 온갖 냄새 속에는 맛있는 냄새도 섞여 있다. 가족이 보내왔거나 교도소에서 번 돈으로 만드는 음식 냄새. 구운 토르티야 냄새와 구수한 수프, 사프란 쌀로 지은 밥, 매콤하게 양념된 고기 냄새가 감방에 갇힌 사람들의 후각을 자극했다. 서민 가정의 분위기를 연상시키고, 멕시코 구시가지에 나뭇가지처럼 뻗어 있는 시장과 가판 음식점에서 파는 음식을 생각나게 하는 냄새다. 수익과 예산 문제, 시간 부족으로 맛을 잃은 밋밋한 교도소 음식을 잊어버리게 하고, 후각을 자극하는 것이다. 촉각 또한 감각을 찾아헤매는 또 다른 감각이다. 몸이 누워 있는 곳에서 정신적·신체적으로 존재감에 심각한 손상을 입히는 황량함밖에 느끼지 못하기 때문에, 많은 재소자가 촉각이 주는 느낌을 되찾으려 노력한다. 특히 성적 감각을 통해서 말이다. 일부 재소자의 눈길은 단지 바라보는 눈길이 아니다. 이리저리 깊숙이 살피고, 만지고, 쓰다듬고, 심지어 옷을 벗기는 듯하다. 교도소 안에서 일어나는 시위에 투입된 남성을 선정적으로 바라보는 눈길이다. 눈이 아니라 마치 손가락이 몸 여기저기를 쓰다듬는 것 같다. 남편과 헤어진 일부 재소자는 초기에 잠시 동성애에 눈을 돌리거나, 시간이 흐르면서 아예 동성애자가 되기도 한다. 달리 말하면, 이성애가 사회 표준인 '벽 밖의 세계'에서와 달리 이 '벽 안 여성만의 세계'에서는 그때까지 의식적으로 혹은 무의식적으로 억제했던 욕망을 해방시키는 것이다.

각자의 사연에는 '고통'이라는 공통점

대부분의 재소자는 수도와 멕시코주 출신이다. 이 중 절반이 초등교육만 받았고, 20%가 문맹이다. 고등학교 이상의 교육을 받은 재소자는 드물다.[3] 거의 대부분 최빈곤층이다. 모두 각자의 사연이 있지만, 가난한 사람들의 사연은 공통적이다. 산타마르타 교도소 재소자는 각기 다른 시련을 겪었지만, 이들의 이야기는 하나같이 비슷한 고통을 담고 있다. 많은 이들이 교도소에 수감되기 전에는 가정주부였고, 일부는 공장 노동자였다. 상당수는 성매매로 생계를 유지했다.

교도소 내 세공 아틀리에를 담당하는 호세 루이스 카스트로 곤살레스 변호사의 조사에 의하면, 재소자의 86%가 유년시절 신체폭력을 경험했다. 86% 중 55%가 부모나 친척에게 성폭력을 당했다. 54%가 가출했거나 부모와 헤어졌고, 70%가 배우자의 폭력에 시달렸다.

감옥에서 처음 가족애를 느끼다

구불거리는 머리와 반항적인 느낌, 동그스름한 볼과 포동포동한 옆구리, 교태스러운 걸음걸이의 20대 초반 이셀라가 글쓰기 교실에 수다를 떨며 상큼하게 들어선다. 처음 이곳에 수감됐을 때, 이셀라는 마약과 술로 찌들어 있었고, 성매매로 황폐해진 상태였다. 이셀라는 거리에서 태어나 거리에서 살았고, 거리에서 체포됐다. 그녀가 살아온 거리는 그중에서도 가장 불안정하고 더러운 거리였다. 아무런 선택의 여지도 없고 더욱 바닥으로 떨어

〈멕시코 여자 교도소 풍경들〉, 2004-파트리샤 아리지스

질 수밖에 없는, 결코 돌아올 수 없는 자살을 향해 천천히 나아가는 듯한 거리였다. 이셀라는 세상에 태어난 순간이 바로 형벌이었다. 집 없는 삶, 그녀가 몸을 기댈 곳은 좌절과 황폐함이 뒤섞여 있었다. 일기쓰기 아틀리에에서 이셀라는 황폐해진 자신의 몸에 대한 이야기를 살짝 내비치며 털어놓았다. "내가 폭력적이었던 것이 아니라, 내 인생이 폭력적이었다."[4] 이셀라의 목소리는 정열적이고 흡족한 듯 들리지만, 속속들이 깊은 상처로 얼룩졌다. 그녀는 죄로 인한 형량을 살면서 비로소 여전히 고통받고 있는 자신의 몸을 이해하고 치유할 시간을 가지게 됐다. 교도소에 갇혀서야 고통의 잔재 속에서 인생을 재건할 바탕을 찾아가고 있다. 이셀라는 자유 없이 갇혀 있고 고립됐지만, 감옥에서

처음으로 가족을 찾았다. 아틀리에서 자신의 감방에 대해, 아셀라는 다음과 같이 말했다.

"전에는 내가 가진 것이라고는 마음밖에 없었어요. 지금도 마음은 가지고 있지만, 당신과 공유하고 있어요. 지금은 진짜 집도 있고요. 제 집을 한번 보여드리고 싶네요." 지금 이셀라는 새로운 '집'을 만들며, 신체도 자신을 보호하는 곳으로 만들어가고 있다. 감옥의 세계는 이 과정에서 그녀가 의지할 수 있는 곳이다. 숱이 무성한 짧은 파마머리에 선글라스를 꽂고, 어깨에 진한 파랑색 스웨터를 묶어 내린 채 에델은 이렇게 털어놓았다.

"저는 세 아이의 엄마고, 아이들을 무척 사랑합니다. 여기서, 바로 제가 갇힌 이곳에서 저는 엄마로서의 인생을 박탈당했고, 행동의 자유를 빼앗겼지요. 하지만 생전 처음으로 성적 정체감을 표현할 수 있었고, 이를 누릴 수 있었습니다. 그간 억눌렸던 제 동성애주의가 비로소 가족과 사람들의 잣대에서 벗어나 여자들만 있는 속에서 해방됐습니다." 다른 재소자도 말했다. "저는 동성애자는 아닙니다. 그렇지만 한 공간에서 생활하는 동료가 저를 만지고, 제게 관심을 보이고, 입을 맞추고 안아주며, 저와 함께해주고, 애정어린 말을 속삭여주는 것이 정말 좋아요."

1층에 있는 식당에서는 몇몇 엄마들이 직접 만든 음식을 팔고 있다. 옥수수 가루와 팥 등 교도소 음식과 같은 재료로 만든 음식이다. 이 음식은 재소자에게 제공되는 '농장 음식(재소자가 교도소 음식을 일컫는 말)'과 경쟁한다. 교도소에서 태어난 아이들에게 둘러싸인 재소자들은 나후아틀어(중앙아메리카 토착어로 나우아인이 사용했고, 멕시코 중부 지방이 핵심지역이다)에서 연유한, 즉 멕시코 서민지역의 대규모 시장을 의미하는 '티앙기Tianguis'의 분위기를 이곳에 풍기고 있다. 산타마르타 교도소에서 아이들은 신성한 존재다. 엄마들도 신성하기는 마찬가지지만, 아이들이 시끄럽게 하는 것을 싫어하는 수감자들이 교도소 내 다른 구역을 차지했기에, 일부 엄마는 가사를 하는 구역에서만 생활하고 있다.

하지만 임신 중이거나 자녀가 있는 재소자에게 위해를 가하거나 어린이를 위협하는 행위는 용납되지 않는다. 가사를 하는 엄마들은 재소자에게 일종의 모델을 제공한다. 수감돼 가족과 자녀를 빼앗긴 재소자에게 가족과 자녀가 되는 것이다. 가족과의 생활을 되찾으려는 재소자들 간에 엄마와 딸, 손녀나 이복동생 같은 가족관계를 흔히 찾아볼 수 있다.

이런 연대감 속에는 약에 찌들고, 알 수 없는 고통에 시달려 내뱉는 알아들을 수 없는 말이 두서없이 떠다니고 있다. 걱정과 두려움과 공허함이 담긴 말들이다. 버려진 고통과 혼란한 심정이 담긴 말들이다. 어렴풋이 알아들을 듯한 말들은 그 이상도 이하도 아닌, 아무런 의미 없는 말일 뿐이다. 그렇기에 '살아 있는 자'에게 어떤 의미도 주지 못한다. 끊임없이 서로 스치고, 또 스쳐가고, 그중 많은 수가 고독 속으로 빠져드는 이곳에서 시간이 흐르면 그런 말에 관심 두는 이는 아무도 없다.

성 정체성을 찾은 세 아이의 엄마

노년기에 접어든 마르가리타는 감옥에서 늙었고, 감옥에서 더 늙어갈 것이다. 그의 죄명은 살인이지만, 마르가리타의 진짜 '죄'는 잘못된 순간, 잘못된 곳에 있었다는 것이다. 그녀는 사람이 많이 다니는 길가에 가판대를 놓고 음식 장사를 했다. 매일같이 물통과 오악사카 치즈, 우이틀라코체 파르시, 할라피뇨칠리가 담긴 둥근 바구니를 한쪽에 놓고 오후까지 케사디야를 화덕에 구워 팔았다.[5] 검소하지만 당당하고 용기 있게 살아가는 마르가리타는 동네 사람들에게도 친숙한 얼굴이었다.

어느 날 그녀가 '닉스타말(옥수수가루 반죽)'을 반죽하던 길목에서 싸움이 일어났고, 곧 아수라장이 됐다. 한 남자가 칼에 찔려 살해된 것이다. 분명 서로 반목하던 범죄집단 사이에 붙은 싸움이었을 것이다. 경찰이 도착했을 때도 마르가리타는 자리를 뜨지 않았다. 경찰은 처음에 그녀를 주요 증인으로 경찰서로 호출했지만, 곧 범죄 혐의가 씌워졌고 결국 살인죄로 재판을 받았다. 대강대강 행해진 그의 재판 내용은 상세히 알 수 없다. 글을 읽을 줄 모르는 마르가리타는 그 앞에 놓인 모든 서류에 한 치의 의심도 없이 서명했다.

멕시코 경찰의 부패성은 세계 최고 수준이고 형편없는 교육과 봉급 때문에 타락했으며, 범죄집단에 매수됐다는 것은 잘 알려져 있다. 마르가리타는 그녀를 위해 일하는 공권력이 아닌, 그녀를 적으로 삼은 경찰과 사법부를 만난 결과 이중으로 버림받았다. 평민에게 무관심한 사법부, 그리고 두려움에서였든 비겁함이었든 무관심이었든 그녀가 목격한 싸움에 대해 입을 닫아버린 시민사회로부터 버림받은 것이다. 그녀는 자신이 받은 재판과 죄목에 대해 재심을 청구하려 하지만, 현재까지 아무 소식이 없다.

거울을 만드는 옛 마약여왕

2009년 7월 20일 월요일, 곧 비가 올 듯 우중충한 회색빛이 세공 아틀리에실을 비춘다. 작업대에는 물감통과 석판 및 벽지 조각, 몰딩 쇠시리, 반죽, 단추, 가구 손잡이, 솔, 붓통으로 쓰는 녹슨 깡통이 놓여 있다. 여기서 재소자들이 만든 옷걸이, 음식 받침대, 앨범, 액자 등은 다른 재소자나 지역상점에 판매된다. 나무용 풀냄새가 그득한 아틀리에실 내부, 두꺼운 붓과 딱딱하게 굳은 종이들 사이에서 '태평양의 여왕'이라는 별명을 가진 산드라 아빌라 벨트랑의 황갈색 신발이 빛을 발한다.

시날로아 출신 대부호이자, 정부로부터 멕시코 마약거래 중심 인물 중 한 명으로 기소된 벨트랑은 2007년 9월 이곳에 수감됐다. 반짝이는 크림색 블라우스와 벨트를 맨 밤색 바지가 마름모꼴로 다듬은 갈색 머리와 들쭉날쭉한 손톱과 조화를 이룬다.

〈멕시코 여자 교도소 풍경들〉, 2004-파트리샤 아리지스

프랑스의 유명 고급 브랜드를 몸에 걸치고 수백만 달러를 쥐고 흔들며, 멕시코에서 가장 힘있는 세력과 친분을 쌓고 지내던 그녀가 지금 거울 사이즈에 대해 아틀리에 지도 선생과 이야기를 나누고 있다. 최근까지 많은 사람들의 찬사와 부러움을 한 몸에 받고 사람들에게 둘러싸여 있던 그녀는 이제 혼자 남겨졌고, 그녀가 만들 거울 속에서 이전의 영광을 추억하고 있다. 상당수 재소자들에게 '다른 곳'을 찾는 일은 곧 잊혀지지 않기 위해 사는 것임을 뜻한다. 좀처럼 잠들기 힘든, 무덤 속처럼 사방이 벽인 음울한 색깔의 공간이 자신이 보는 모든 것이고, 우울한 절규와 다른 재소자들의 싸움 소리, '우두머리들'의 명령을 담은 휘파람 소리가 귀를 괴롭힐 때, 사람은 세상으로부터 멀리 떨어질 수밖

에 없다. 앞으로 채울 형벌의 시간들이 지금까지 살아온 세월과 비슷할 때, 친구와 가족에게조차 잊혀졌을 때는 세상에 나가는 것도, 감옥에서 의미를 찾기도 어렵다.

그렇기에 많은 재소자들이 종교에 빠져들거나, 기독교 복음주의, 여호와의 증인, 모르몬교로 개종한다. 문화 프로그램과 달리 이런 종교들은 교도소에서 쉽게 확산된다. 재소자 개개인의 사연에 따라 교도소 내 생활도 모순되고 괴리된 가치로 넘쳐난다. 이런 가치는 각자의 과거와, 바깥에서 그들을 기다리는 것이나, 기다리지 않는 것으로 뒤섞여 있다. 일부 여성 재소자에게 교도소 생활의 끝은 무덤과 같다. 가족에게 버려지고, 직장도 없이 혼란이 가득한 길거리에 혼자 남겨지는 것이다. 교도소에서 수 년, 길게는 수십 년을 생활하고 다시 만난 바깥세상은 그들에게 낯설기만 하다. 바깥세상도 '전과자'라는 모욕적인 시각으로만 그들을 바라본다. 그리하여 다시 교도소로 돌아오는 여성들도 있다. 2008년 12월 석방된 젊은 재소자 42명 중 18명이 이듬해 1월 말 다시 교도소로 돌아왔다.

| 글 | **카티 푸레즈 | 프랑스 릴3대학 강사**
탐정 문학과, 폭력, 성, 그리고 멕시코 등 중남미에 관심이 많으며, 〈르몽드 디플로마티크〉에 글을 자주 기고하고 있다.

1. 미셸 푸코, 〈감시와 처벌〉, 갈리마르, 파리, 1975.
2. 일부 여성은 교도소에서 출산하며, 출산 후 5년 11개월까지 아이를 키울 수 있다.
3. 호세 루이스 카스트로 곤살레스가 조사했고, 산타마르타아카티틀라 여성교도소의 루이스 마누엘 세라노 디아스 교수가 2009년 멕시코 현지에서 실시한 두 번의 인터뷰 때 설명한 내용이다.
4. 본 기사에 인용된 재소자들의 말은 2009년 7월 산타마르타아카티틀라 여성교도소에서 실시된 글쓰기 아틀리에 때 기록된 것이다.
5. 우이틀라코체는 옥수수에 기생해 자라는 검회색 버섯이고, 할라피뇨칠리는 멕시코산 고추, 케사디야는 치즈가 들어간 옥수수가루로 만든 부침요리다.

| 출처 |

1부 그들이 잃어버린 것
- 더 큰 여성해방, 본성을 해방하라 — 에마 골드만(Emma Goldman), 2011년 9월
- 독일 여성들이 잃어버린 것들 — 사빈 케르젤(Sabine Kergel), 2015년 5월
- 일본 여성들이 일하지 않는 이유 — 조안 플뢰리(Johann Fleuri), 2016년 5월
- 미국 여성들의 낙태권을 공격하는 게릴라들 — 제시카 구르동(Jessica Gourdon), 2013년 12월
- 이스라엘 여성을 가둔 유리천장 — 로라 랭(Laura Raim), 2017년 11월
- 평등권을 우롱당하는 아랍 여성들 — 와르다 모함메드(Warda Mohamed), 2013년 12월

2부 투쟁과 전진
- 자발적 임신중절 허용까지 프랑스 여성들의 투쟁 — 실비 로젠베르그 라이너(Sylvie Rosenberg-Reiner), 2015년 10월
- 서구가 정형화한 아랍여성상을 떨쳐야 — 사하르 칼리파(Sahar Khalifah), 2015년 11월
- 쿠르드 지역에도 여성 투쟁가들이 있다! — 나다 모쿠랑(Nada Maucourant), 2015년 11월

- 이란여성들의 화려한 변화는 어디까지 — 플로랑스 보제(Florence Beaugé), 2016년 2월
- 진군하는 아마존 여성들 — 라미아 우알랄로(Lamia Oualalou), 2011년 12월

3부 여성과 신
- 신은 여성 혐오자인가? — 앙리 텡크(Henri Tincq), 2017년 10월
- 종교계 내부에서 일어난 페미니즘 운동 — 가에탕 쉬페르티노(Gaétan Supertino), 2017년 10월
- 히잡 착용이 촉발한 종교적 페미니즘 vs. 세속적 페미니즘 — 베네딕트 뤼토(Bénédicte Lutaud), 2017년 10월
- 여성의 입장을 지지하는 종교계 남성 페미니스트들 — 베네딕트 뤼토(Bénédicte Lutaud), 2017년 10월

4부 자유와 권리
- 그곳에 가면 다른 페미니즘이 있다 — 카미유 사레(Camille Sarret), 2011년 2월
- 혁명 이후의 튀니지 여성들 — 플로랑스 보제(Florence Beaugé), 2015년 11월
- 내 몸에 대한 권리찾기, 칠레의 임신중절권 투쟁 — 줄리아 파스쿠알(Julia Pascual), 레일라 미냐노(Leila Miñano), 2015년 10월
- 알제리의 성과 청년, 정치 — 피에르 돔(Pierre Daum), 2014년 10월
- 멕시코 여성 제소자들이 교도소에서 찾은 자유 — 카티 푸레즈(Cathy Fourez), 2011년 2월

‖ **번역** ‖

김보희 김윤형 김희철 박나리 배영란 서희정 손종규 조은섭 이상빈 이보미 이주영 허보미

| 부록 |

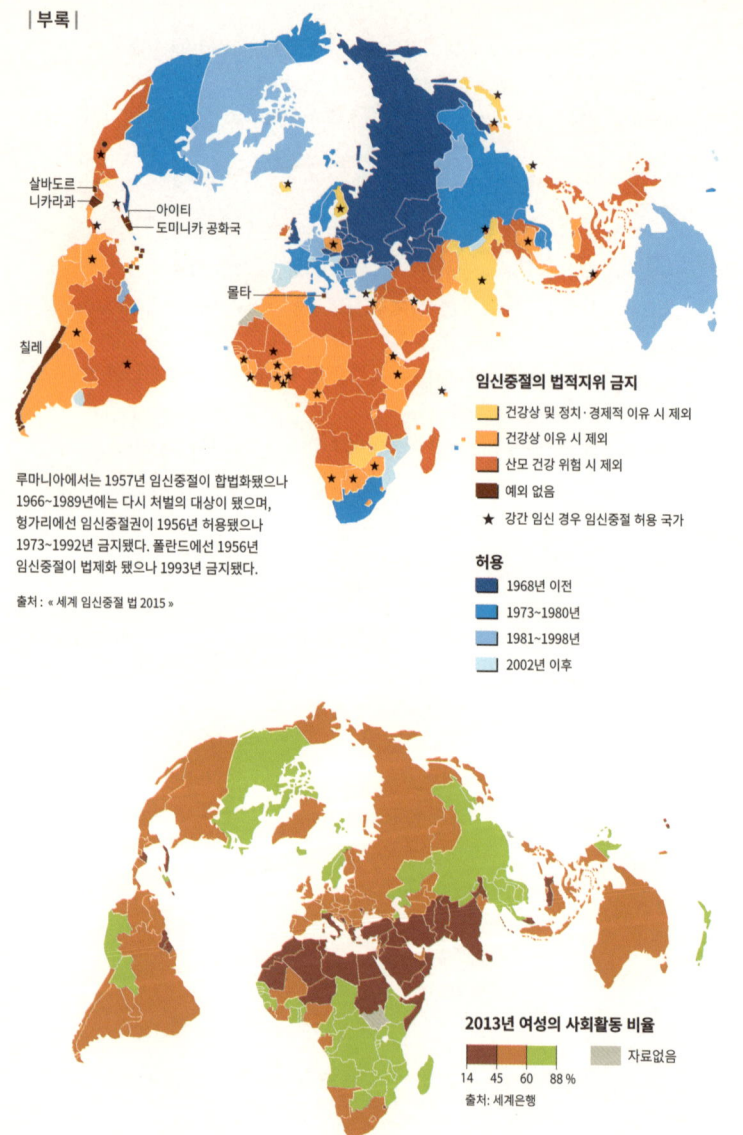

임신중절의 법적지위 금지
- 건강상 및 정치·경제적 이유 시 제외
- 건강상 이유 시 제외
- 산모 건강 위험 시 제외
- 예외 없음
- ★ 강간 임신 경우 임신중절 허용 국가

허용
- 1968년 이전
- 1973~1980년
- 1981~1998년
- 2002년 이후

살바도르
니카라과
아이티
도미니카 공화국
몰타
칠레

루마니아에서는 1957년 임신중절이 합법화됐으나 1966~1989년에는 다시 처벌의 대상이 됐으며, 헝가리에선 임신중절권이 1956년 허용됐으나 1973~1992년 금지됐다. 폴란드에선 1956년 임신중절이 법제화 됐으나 1993년 금지됐다.

출처: 《세계 임신중절 법 2015》

2013년 여성의 사회활동 비율

14　45　60　88 %　자료없음

출처: 세계은행

240　　부록

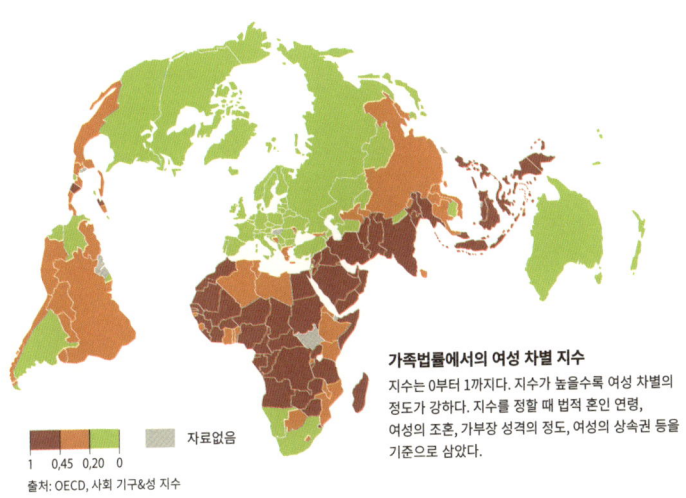

가족법률에서의 여성 차별 지수

지수는 0부터 1까지다. 지수가 높을수록 여성 차별의 정도가 강하다. 지수를 정할 때 법적 혼인 연령, 여성의 조혼, 가부장 성격의 정도, 여성의 상속권 등을 기준으로 삼았다.

자료없음

1 0,45 0,20 0

출처: OECD, 사회 기구&성 지수

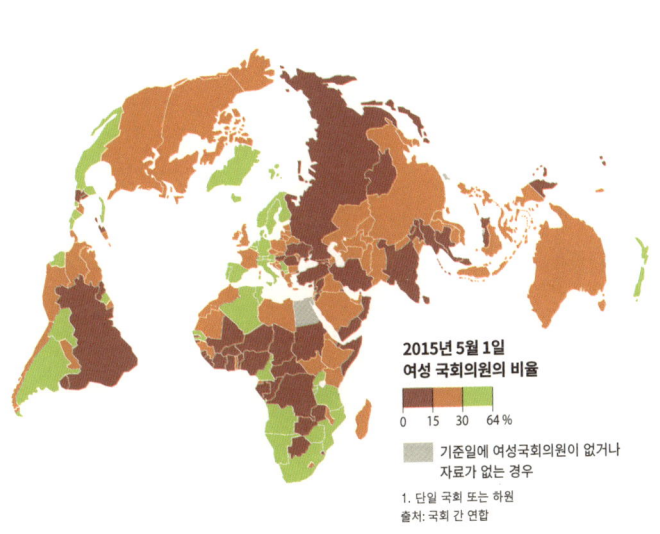

2015년 5월 1일 여성 국회의원의 비율

0 15 30 64 %

기준일에 여성국회의원이 없거나 자료가 없는 경우

1. 단일 국회 또는 하원
출처: 국회 간 연합

Le Monde +

그 곳에 가면 다른 페미니즘이 있다

초판 1쇄 발행 | 2018년 3월 15일

펴낸이	성일권
편집인	서화열
번역	조은섭 외
교열	김진주
디자인	정제소
인쇄	(주)디프넷
펴낸곳	(주)르몽드코리아
주소	서울특별시 마포구 양화대로 1길 83 석우 1층
전화	02-777-2003
ISBN	979-11-86596-05-0
홈페이지	www.ilemonde.com
SNS	https://www.facebook.com/ilemondekorea
전자우편	info@ilemonde.com
출판등록	2009. 09. 제2014-000119

이 책의 한국어판 판권은 (주)르몽드코리아에 있습니다.
저작권법에 따라 보호를 받는 저작물이므로 무단 전재와 무단 복제를 금합니다.

이 도서의 국립중앙도서관 출판예정도서목록(CIP)은 서지정보유통지원시스템 홈페이지(http://seoji.nl.go.kr)와 국가자료공동목록시스템(http://www.nl.go.kr/kolisnet)에서 이용하실 수 있습니다.
(CIP제어번호: 2018007230)

LE MONDE *diplomatique*
Le Monde Plus Series

01 〈좌파가 알아야 할 것들〉
값 19,800원

02 〈나쁜 장르의 B급 문화〉
값 17,800원

03 〈극우의 새로운 얼굴들〉
값 16,800원

〈좌파가 알아야 할 것들〉은 〈르몽드 디플로마티크〉 〈마니에르 드 부아〉124호의 〈집권좌파의 역사〉를 기본 텍스트로 삼았으며, 외국 필진 27명과 국내 필진 7명의 글, 총 34편을 담은 이 책은 진보정치를 향한 인류의 거대한 희망과 그 희망을 실현하기 위한 다양한 실험과 좌절, 새로운 진보정치의 재시도, 그리고 한국 진보정치의 시련과 도전을 다루고 있다.

길들여지지 않은 대중문화의 미덕을 탐구한 〈나쁜 장르의 B급 문화〉는 〈마니에르 드 부아〉111호의 〈나쁜 장르의 B급 문화〉를 기본 텍스트로 삼았다. 외국 필진 29명과 국내 필진 7명의 글, 총 38편을 실은 이 책은 세계 각국의 대중문화에서 꿈틀대는 창의성과 다양성, 자발성과 불온성, 그리고 그걸 수용하는 이들의 주체성을 담아내고자 했다.

위험수위에 다다른 국내정치의 우경화에 대한 심각한 우려에서 기획된 〈극우의 새로운 얼굴들〉은 〈마니에르 드 부아〉134호의 〈극우의 새로운 얼굴들〉을 기본 텍스트로 삼았으며, 외국 필진 26명과 국내 필진 9명의 글, 총 35편을 담은 이 책은 국제사회에서의 극우정치의 기원과 전략, 귀환 및 확산을 진단하고, 한국 극우정치의 현실과 과제를 짚어본다.

'진실을, 모든 진실을, 오직 진실만을 말하라'라는 언론관으로 유명한 프랑스 일간지 〈르몽드 Le Monde〉의 자매지이자 국제관계 전문 시사지인 〈르몽드 디플로마티크〉는 국제 이슈에 대한 깊이 있는 분석과 참신한 문제제기로 인류 보편의 가치인 인권, 민주주의, 평등박애주의, 환경보전, 반전평화 등을 옹호하는 대표적인 독립대안언론이다. 그리고 〈르몽드 플러스〉 시리즈는 〈르몽드 디플로마티크〉가 격월로 출간하는 잡지이다.